金錢不是問題, 你才是

加利·M·道格拉斯與戴恩·希爾醫師著

ACCESS CONSCIOUSNESS PUBLISHING

原版書名: Money Isn't the Problem, You Are.
第二版
版權所有© 2013 加利·道格拉斯和戴恩·希爾醫師
Gary Douglas & Dr. Dain Heer
出版公司：Access Consciousness Publishing
www.acpublishing.com
初版：2012 大鄉村出版公司

金錢不是問題，你才是
版權所有 © 2023 加利·道格拉斯和戴恩·希爾醫師
Gary Douglas & Dr. Dain Heer
ISBN: 978-1-63493-634-7
出版公司: Access Consciousness Publishing
www.acpublishing.com

版權所有，翻印必究。未經出版方預先授權書面許可不得擅自以電子，機械，影印，錄音或其他任何形式或手段對本出版品任何部分進行翻印或儲存在任何檢索系統中。

本書的作者和出版方不對任何身體，心理，情感，精神或財務結果做出任何聲明或保證。作者提供的所有產品，服務和資訊僅供一般教育和娛樂用途。這裡提供的資訊絕不是醫療建議的替代品。如果你自行使用本書所包含的任何資訊，作者和出版方將對你的行為不負有任何責任。

封面設計：凱特琳娜·瓦蘭亭 Katarina Wallentin
封面相片：艾利克西·奧迪夫 圖庫 © Alexey Audeev istockphoto
內頁設計：安娜斯塔夏創意 Anastasia Creatives
內頁圖像：克勞斯 圖庫© Khalus istockphoto
英譯中：Joan Wang

目錄

前言

第一章：錢啊，錢啊，錢 5

第二章：一些很酷的工具 23

第三章：描繪出你理想工作的願景 37

第四章：對付難纏的人 45

第五章：給予和接收 58

第六章：慶祝你的豐盛 73

致讀者 82

專業術語 83

前言

　　本書是為那些總因金錢苦惱的人所寫，無論他們的問題是錢花得太多，擁有的不夠，或是擁有太多。

　　我是Access的創辦人加利・道格拉斯。Access是一套能量轉變系統，可提供工具讓人們消除限制與無力，為自己創造神奇且美好的全新可能性。在本書中，我和我的好友及合作夥伴戴恩・希爾分享了有關金錢的程序、工具與觀點，你可以用它們來改變金錢如何流入你的生命。

　　本書是根據我們的Access金錢專題課寫成。我們在美國、哥斯大黎加、澳大利亞、紐西蘭各城市教授該課程。我們之所以開設金錢課，是因為發現，人們總是在為自己認定的金錢問題試圖尋找解法。

　　我自己也有不少所謂的金錢問題，而我曾上過眾多金錢講座，多到我只要想到還要多上一種，眼睛都要變成鬥雞眼了。到頭來，那些金錢課沒有一堂能改變我看待金錢的方式。

　　上完課後我還是有同樣的「金錢問題」。但隨著Access開始發展，我領悟了全新的觀點，可以透過它們創造與金錢不一樣的關係，而我和金錢的關係也開始改變。戴恩和我在本書中提供這些新觀點與其背後道理，還有各種工具及技巧。不管你的金錢狀況為何，它們都能為你所用。

　　加利・道格拉斯

　　聖塔芭芭拉

第一章

錢啊, 錢啊, 錢

你有金錢問題嗎?

戴恩和我有個朋友想要賺大錢。

他說:「我有金錢問題。」

我說:「不,你沒有。」

他說:「我有。」

我說:「不,你沒有。」

最後他終於問了:「你這是什麼意思?」

我說:「你沒有金錢問題,你只是不願意接收而已。」

他說:「才不是這樣。」

我說:「是這樣沒錯。我可以證明你的問題不在金錢。如果你願意回到你開始接觸Access前的狀態,而且維持那個樣子,我就給你一百萬美元,免稅。」

他說:「我他媽的才不幹。」

問題不在錢,從來就不是。問題在於你願意接收什麼。如果你願意接收生命的自由,那麼錢對你而言就沒有價值。許多人認為金錢是解答,但它不是。

金錢從來不是解答

金錢從非解決問題之道，因為金錢從來不是問題。如果你試圖把錢當成解答，只會創造出另一個需要你用錢來解決的問題，你可能有這些錢，也可能沒有。

錢能解決你的問題嗎？

請想一想。幫你解決問題的是金錢嗎？還是你自己？是你自己。你怎麼做到的？透過主張和承認你的真實，你就能解決貌似與財務有關的問題。我這話是什麼意思？

很多年前，我做房地產生意，年收入十萬美元以上，我妻子的收入也差不多，我們春風得意，炙手可熱，酷得很。我們混的是有錢人的圈子，會獲邀參加富裕社區的聚會和活動，和社會名流把酒言歡。那感覺棒極了。

然後我的事業急轉直下，年收入從超過十萬美元掉到四千美元。更要命的是我們每個月要付五千美元的房貸、每台車要繳一千五百美元左右的車貸，而小孩唸私校的學費是每人每年一萬五千美元。

凡是想得到的破產流程，我們全都一個不漏地跑過了。在這過程中，我們體驗到什麼叫失去一切。我們住在富人區的朋友通通跟我們斷絕往來。

真是奇怪，你猜這世界上有什麼絕對克服不了的歧視？答案是貧窮。沒有錢。如果你家財萬貫，不管你是什麼種族、膚色、教派、信仰，或再怎麼瘋狂都無所謂，那都不是問題。我常跟別人說，儘管去成為他們真正所是的怪胎，但記得要有錢，這樣別人頂多說你很古怪，但不會把你看成瘋子。

最後我們落得身無分文。孩子不得不離開私校。汽車、房子，和幾乎所有財產都沒了。我到其他公司上班，卻恨透了那些工作。我做什麼都失敗，直到最後終於認清，我唯一的機會

就是去搞我們稱為「Access」那瘋狂、怪異又離譜的玩意兒。我一開始朝那方向前進，所有事情都開始逆轉了。這不是很有趣嗎？

只要你不願意去主張、承認並成為你全部所是，不願意成為你這誇張又神奇的存有，不管你再怎麼抗拒反抗，再怎麼想逃得遠遠的，都只會把自己各方面搞到破產，直到最後別無選擇。

你是否願意放棄你別無選擇的觀點，開始認知到要創造出你想要的一切，方法就是成為你真實所是的那麼狂野、瘋狂和古怪？別再假裝你弱小、蒼白又無趣。

人們會想：如果我能發財，擁有我想要的財富，我就不會再做現在做的這些事，我會過不同的生活。但事實並非如此。

研究發現，那些中了彩券的人，財務狀況會在一兩年之內恢復原狀。雖然絕對數字變大了，但他們的負債比例與受限制的程度仍然不變，財務狀況還是跟中獎前一樣混亂。這樣看來，金錢一直都不是解答。

但如果你正在做的事對你而言是真實的，那麼中不中彩券便不再重要。事實上，就算你明天中了頭獎，也只是多個機會去創造更多好東西，而你早就知道你有能力創造它們了。

問題在於接收，而你就是解答

真正的「金錢問題」是你不願意在生命中接收真正的「你」。你最不情願接受的，就是你其實棒得不可思議。金錢不是問題，也不是解答。問題在於接收，而你就是解決之道。當你開始接收你真實所是的偉大，生命中的每樣事物都會開始改變，包括你的金錢實相在內。如果你願意接收你的偉大，並允許世界看見這份偉大，世界將把你真正配得的事物饋贈給你。要創造生命中真正渴望的事物，你必須願意用不同的方式去感知並接收自己。你必須把這當成起點。

那麼,要怎樣才能讓真正的我在生活中顯現?

說到這裡,聽到你自己其實又棒又奇妙,你的挫折感一定會冒出來。好吧,這些你都知道,但你卻一直沒辦法獲得想要的東西。你甚至可能火冒三丈的問:*那麼,要怎樣才能讓真正的我在生活中顯現?*

這是你必須問的問題,因為只要你願意提問並傾聽,宇宙就會給你回應。

請繼續讀下去。本書中有很多工具、技巧和資訊,可以讓你用來讓真正的自己在生活中顯現。我們希望你能運用它們,開始創造你想要的生活。

你想要錢嗎?

跟你也許曾聽過的說法相反,豐盛其實是地球這顆行星最自然的狀態。在大自然裡,當你環顧四週,只要是不曾被人類盡情踩躪過的地方,處處生機盎然,豐盛滿溢,無處不充滿昆蟲鳥獸的生命力。即使在所謂的不毛之地,生命的總量也超乎想像。一條道路只要中止使用,就算上面鋪著瀝青,短時間內路面也會出現裂縫,雜草開始生長,過不了多久,整條路就會消失在植被之下。宇宙的豐盛令人驚歎,只有在人類想方設法鋪上水泥的地方,我們才體驗不到大自然的豐饒。只有在人類踏過的地方,才會有荒涼與貧瘠。

貧窮意識讓我們無法感知並體驗豐饒,一種自然且持續存在的狀態。貧窮意識反映的不是真實狀況,而是我們創造出來的心態。我們告訴自己:*我擁有的不夠多,我永遠也不夠*,並以這樣的狀態去運作。不管發生什麼事,我擁有的永遠都不夠。這個主題有上百萬種不同的變化,像是:*我擁有的只夠我活;我有這點錢就夠了,我不需要更多金錢來出人頭地。*

在這樣的觀點裡,缺乏比豐盛真實,因貧窮受苦比富裕更高貴。有些人甚至認為當個窮人在道德上更加高尚。他們以貧

窮為傲。戴恩說過，他的家人以前常說：「至少我們有個很棒的家庭，而且我們很快樂；那些有錢人才不開心。」但戴恩說他會環顧周遭，心裡想：「他們不比你快樂？我看未必吧！」

有貧窮意識的人往往以自己口袋空空為傲，或者相信自己只有跟社經地位相當的人來往才自在。他們只有和自己一樣窮的人相處才舒服：*我和有錢人混在一起不會自在的，因為你也知道，有錢人和我們不一樣*。好吧，看看你把自己歸類到什麼地方去了！

不是只有「窮」人才有貧窮意識。有錢人也可能有。最近我出席一場億萬富翁的派對，裡面每個人似乎都在盡全力貶低自己的園丁和幫傭。他們心目中的有錢就是貶低別人的幫助。*噢，要找到好幫傭真是太難了！*不，才不難！如果你善待他人，要找到好幫手是很容易的。這些人雖然有一堆錢，卻不願意接收別人出色的地方。他們認為自己必須操控員工，盡可能少付薪水。貧窮意識跟你擁有多少錢無關，而在於你如何對待自己和他人，以及你是否願意在這世界上看到豐盛。

「想要」(want)這個詞是貧窮意識的關鍵元素。你知道「想要」這個詞是什麼意思嗎？它的原意是「缺乏」。你每次說「我想要」，你就是在說「我缺乏」。如果你說「我想要更多的錢」，你就會開始越來越缺錢。如果你開始留意你的想法或言論，你會看清，你正在如何創造你生命中顯現的豐盛或匱乏。

你可以到字典上查一查「想要」這個詞。你可能得找一本老一點的字典。1946年以前的字典對英語詞彙有正確的釋義。1946年以後，人們開始修改定義，反映口語用法。如果你在1946年以前的字典裡查詢「想要」，你會發現，它有好幾種含義跟「缺乏」有關，只有一種含義是「希求」。*希求意味著去尋求未來可能得到的東西*。因此即使採用這個釋義，你還是會碰到麻煩。

去聽聽真正豐盛的人講話，他們的詞彙裡沒有「想要」。

他們不知道這個詞。他們不認為「想要」是生活裡的一部份。對他們而言，一切都跟擁有、獲得、獲取、允許有關。

有句諺語叫「不浪費，就不會缺乏」。不浪費，就不會沒得用。如果你認清「想要」這個詞意味著「缺乏」，再聽聽自己說話，你會發現你總是在使用它。問問自己，*要怎樣才能讓「想要」從我的詞彙中消失？*不要從「我想要錢」這個觀點去創造，而是允許自己從「我**不**想要錢」去創造，因為你每說一次「我想要更多的錢」，你就是在說「我缺少錢」，而這正是你的生活會顯現出來的樣子。

試試看：說十遍「我不想要錢。」

我不想要錢。

我不想要錢。

我不想要錢。

我不想要錢。

我不想要錢。

我不想要錢。

我不想要錢。

我不想要錢。

我不想要錢。

如何？說「我不想要錢」是讓你感到更輕盈，還是更沉重了？*更輕盈*指的是一種擴展並擁有可能性的感覺，還有更寬闊的空間感（你甚至可能已經在微笑或大笑出聲了）。*較沉重*則是一種收縮、沉甸甸、可能性減少的感覺。

如果你跟大多數人一樣，那麼說「我不想要錢」會讓你感到更輕盈。為什麼？因為真相總是讓你感到輕盈，而謊言讓你感到沉重。真相是你並不缺乏金錢，而說出這句話代表你願意承認它。如果你每天早上將這句話說十遍，就可以在生活中創

造接收。當你身邊的人說「我想要錢」的時候，你可以露出心領神會的微笑，說：「我不想要錢！」

你為錢煩惱嗎？

你是否曾擔心錢不夠？你最近一次為錢煩惱是什麼時候？去找到那種感覺。找到了嗎？好，把那種感覺放大，放到無限大，和宇宙一樣大，比宇宙更大。不是永恆，而是無限。你可以想像將一根超大型打氣筒的針頭插入憂慮之中，為它充氣，直到它變得比宇宙更大。但其實你不需要思考或做什麼事，就能讓事物變得比宇宙更大。那只是一種覺知，通常在你聽到這個要求的同時，它就發生了。

當你把金錢煩惱放到無限大時，發生了什麼事？它變得更飽滿實在了嗎？更真實了嗎？還是逐漸稀薄消失？如果正如我們所猜測，它消失了，那麼它就是個謊言。你覺得煩惱是真實的，但它其實不是。你買入了一件不真實的事。

現在想想某個你關心的人。將關懷的感覺放到無限大，比宇宙更大。它是否變得更實在了？答案是肯定的？這不是很有趣嗎？當你想到你有多麼關心某人，將它變得無限大，比宇宙更大時，你會發現它甚至比你願意承認的更大。如果你願意承認自己有多麼關懷其他人，而且真正願意以同等的程度關懷自己，你覺得你會有多麼願意去接收？

當你將自己的關懷變得無限大，它會變得更加飽滿臨在。它佔有的空間會比不愉快的情緒更大。你會發現，原來你比自己所承認的更能關懷。你可能會隨口說：「是啊，我很在意。」但直到你將關懷擴大，讓它變得實在，你才會發現自己關懷的程度居然有這麼高，簡直像是我們害怕讓自己如此關懷。

想像一下你有很多錢

現在，想像你擁有很多錢，去感受有很多錢的感覺；把這感覺放到無限大，比宇宙還大。它是否變得更充實了？答案是肯定的？再想像一下沒有錢的感覺。當你說「天哪，我口袋空空，我辦不到」時，如果把這些感覺或焦慮放到無限大，比宇宙還大時，會發生什麼事？它們會消失。

在謊言之上創造，能創造出真實嗎？

很有趣吧？我們往往會買入「我沒有錢」這樣的謊言，然後試圖在這些謊言之上創造我們的生活。如果你試圖在謊言之上創造，你能創造出真實嗎？想都別想。如果你對自己說謊，或是買入虛假的觀點，你就會創造限制，令你無法擴展進入金錢的可能性。

戴恩有時會講他父母某一方家庭的小故事。他們認為只要有錢買食物上桌，就稱得上幸運。他的祖父母在大蕭條時期長大，曾經忍飢受餓。所以他們的觀點是，只要有錢買吃的，人生就算成功。戴恩買入了這個觀點，一直把它當作真相，直到他開始接觸Access為止。他買入的觀點是有錢買吃的就算成功。開始接觸Access後他才發現：「等一下，那不是真的！」

他開始投入Access後，看到了生活中不同的可能性。在那之後不久，有一次我們一起開車去舊金山開Access的課，要在那裡待三天。戴恩帶上了十個花生果醬三明治、三磅綜合堅果、三盒燕麥棒。因為他沒什麼錢，他打算待在那裡時就吃這些。

在開車途中，我把一片「大紅」牌口香糖放進嘴裡，嚼了10分鐘，吐出來，再放一片進嘴裡。我把那片也嚼了十分鐘，又吐出來，再放一片。嚼了二十分鐘後，再換一片新的。戴恩什麼都沒說，但每次我把一片新的口香糖放進嘴裡，他都很抓狂。

最後他終於開口了：「你幹嘛做這種事？」

我說：「什麼事？」

他說：「像這樣一片接一片地嚼口香糖。」

我說：「因為我只喜歡剛開始的滋味！之後就沒味道了。」

戴恩來自一個一片口香糖得嚼上一天半的家庭。他從來沒想過可以用這種奢侈的方法吃掉一包才一美元的口香糖。他從來沒想過自己可以為富裕設下不同的標準，這顛覆了他對匱乏的整個觀點。他的反應是：「等等，你做得到這種事？！」

我們大部分人都在成長過程中買入了類似的謊言和限制。像是「這樣就叫成功」，或「這是我配享受的（或不配享受的）。」在戴恩的例子中，他買入的謊言是「富裕就是能把自己餵飽。」那是他原生家庭的觀點，被他買入，但那樣就算富裕嗎？當然不算。一旦他認清自己一直根據謊言來創造財務生活，新的可能性就開始出現了。

與其讓自己因金錢而抓狂—順帶一提，這是我們所有人的拿手好戲—與其擔憂金錢，生活在近乎貧窮的狀態，還不如認清你對金錢的擔憂、煩惱和認知並不真實。只要你認清它們並非真實，就不會買入它們，也不會把不實在或不真實的東西當成基礎，創造自己的生活了。

把它放大到比宇宙更大

用下面的練習來找到事物的真相。當你把某樣東西放大到比宇宙還大時，真實會變得更加飽滿具體—你會覺得它更實在，佔據更多空間；謊言則會消散不見。運用這個簡單的工具，改變生活中關於金錢所發生的事，並從對你而言的真實去創造。

我買不起

你是否曾對自己說過，*這個我買不起？* 幾年前我為一家古董店工作，幫他們重新陳設家具。他們雇用我的原因是每次我

重新陳設後，總會有些庫存了兩年的東西賣出去。他們要我每兩週就去店裡重新擺設一遍。

我的時薪是37.5美元，這在當時算相當高。除了這個以外，我還盡我所能地做其它工作，好養活妻小。這家古董店的店主們對我的工作非常滿意，對我說：「你知道嗎？如果你想買店裡的任何東西，我們可以用成本價賣給你，你可以分期付款，沒有期限，款項付清就能把東西帶走。只要你一直為我們工作就行了。」

那是一家高檔古董店，裡面一套床組標價兩萬美元，一枚鑽戒三萬五千美元。以前我會看著商品說：「誰買得起這些東西呢？」但他們開出上面的條件後，我環顧店裡，突然意識到我可以擁有裡面任何一樣東西。

我們認為得不到的, 就變得寶貴

一旦我意識到我買得起店裡任何想要的商品—雖然需要一段時間才能帶回家—我發現它們對我而言全都無關緊要。我再也不在乎它們了。只有那些我們認為買不起、或得不到的東西，對我們而言才有價值。它們之所以珍貴，不是因為有真正的價值，而是因為我們無法擁有。我們賦予稀缺重要性。因此，每次你說，*我買不起*，你其實在說你不配得到。*我買不起*意味著我無法擁有。有多少次你決定你買不起一件想要的東西，轉而買下等級更差的東西了事？其實你買得起任何東西。世界上幾乎每家店都可以讓你先分期付款，付清後再取貨。

戴恩和我最近走進一家當鋪，裡面有個牌子寫著「現在就分期預定。」意思是你可以走進這家店，不管看到什麼—裡面有些東西賣到兩萬美元—他們都可以讓你先分期付款，付清後再帶走。只要運用分期付款，你可以買下任何一樣東西。問題是，你真的想要這些東西嗎？

我真正想要的是什麼？

你可以自己練習看看。走進一家商店，到處看看，告訴自己：「好，現在我可以擁有任何我真正想要的東西。我真正想要的是什麼？」你大概會東看看西看看，然後說：「不，不，這個不錯，那個不錯，那個也不錯。」最後走出商店，說：「你知道嗎？那裡沒有一樣東西是我真正想要的。」

我將在生命裡擁有它

如果你找到真心想要的東西，就說：「我將在生命裡擁有它。」然後不要看標價，走出商店。為什麼不看標價呢？因為看了價錢，你就會創造限制，認定得花多少錢才能擁有它，而你付不起。如果你不看價錢，只說：「我將在生命裡擁有它。」你就會創造出機會，讓宇宙用你想像不到的方式和你願意支付的價格，將它放進你懷裡。

最近我女兒說，「爸爸，我想要一個Gucci的錢包，一個賣250美元。」

我說：「好啊，很好。讓我們看看會發生什麼事。」

三個禮拜後，我毫無緣由地走進一場車庫拍賣，發現了一個Gucci錢包，只賣三美元。我以為那大概是仿冒品，把它買回家，後來發現它居然是正品。

如果金錢不是問題，你會怎麼選？

你可以在買東西時拋開*需要*和*缺錢*的感覺，方法是問自己，*如果錢不是問題，我會怎麼選？* 大部分人做決定的依據都是自己認定需要什麼，卻買不起什麼。當你自問：*如果錢不是問題，我會怎麼選？* 這會將金錢從你的選擇基準中排除。

戴恩曾經去買印表機，在幾種不同的機款中猶豫。我問他：「如果金錢不是問題，你會選哪一台？」

他第一個念頭是「噢，我要最大的那台！」那一台要500美元，有點超出他的預算，但他以為如果錢不是問題，他會挑那台。但是他開始到處看看，發現另外一台印表機，功能幾乎和500美元那台一樣，價格是150美元。他說：「哦，如果金錢不是問題，我會選擇這台150美元的印表機。」一拋開「我需要這個，但我無法擁有它」的觀點，他發現他可以擁有所有想要的東西，而且價格漂亮得多。

我們大多數人都像戴恩一樣，以為如果錢不是問題，我們會買最好最貴的東西。當你排除錢的問題後，你會看清，噢，我不是真的想要那個大傢伙。有時最好的並不是你真正需要的。只要花150美元，你就能得到原本想要的一切。

別假設如果你擁有所謂的*最好*，就可以做更多、擁有更多、創造更多。你可以用上面這個問題去感知你個人的觀點，它會讓你看清對你而言，一樣東西的真實價值為何，將你從「我無法擁有這個，因為...」的觀點拉開。如果你個人的喜好是唯一的選擇標準，你會怎麼選？這會讓你在購物當時的條件下，買到對你而言最棒的東西。

還有某些時候，當你問，*如果錢不是問題，我會怎麼選？*然後你決定選最貴的—這時，因為金錢並非你的決斷標準，你所做的就是對你而言的最佳選擇。

你願意繳稅嗎？

有些人排斥納稅，他們決定再也不繳任何稅，於是竭盡所能地避稅。這是一個非常糟糕的決定，因為這樣做是在削減自己願意接收的金錢。

為了能夠擁有，你必須願意接收每一樣東西，包括稅制。如果你不願意繳稅，那你就不願意擁有收入。就我個人而言，我願意付更多稅。一個人最好能繳多到誇張的稅金，因為這意味著他有能力接收多到誇張的錢。

我們曾經遇過一個人，他加入了一個抗稅團體。那個團體主張美國國稅局的收稅違法。他們的觀點是美國國稅局是私人公司，只是被派來掌管稅務，並非憲法規定的機關，因此是個非法機構。

他告訴我們這些之後，我說：「很好。讓我來猜猜你的收入狀況。自從加入這個社團後，你的收入掉了一半。」那人說，「哇，你怎麼知道？」

我說：「因為你想躲開政府。當你想躲起來的時候，那意味著你不允許自己接收。你不可能一邊躲藏，一邊賺更多錢。」

你是否把生活中哪些部分隱藏起來了？任何關於稅金和納稅，以及所有類似事物的決定，你是否願意通通摧毀並永不再創造？你是否願意主張並接受你付得起你選擇的不管多少的「該死的」稅金？最棒的防禦永遠都是成為有錢到讓人火大。

是債務, 還是過去的花費

人們有時會問我債務的問題，還有在討論金錢時，該如何看待債務。你是否注意過，*債務(debt)* 這個字聽起來很像 *死亡(death)*？你是否知道，*房貸(mortgage)* 這個詞來自 *Mort*，也就是 *死亡*，它原本的意思是死亡抵押或直到死亡。換句話說，*我將為這個房子工作直到嚥氣*，基本上這就是大多數人在做的事。

當你有債務需要償還，與其把自己視為欠債者—我們都曾經有許多世生活在有欠債監獄的社會，而且因為欠錢被關進去—不如把自己看成是在為過去的開銷買單。你要償還的是過去的花費，不是債務。

如果你從 *過去的花費* 而非 *債務* 的觀點來運作，你將開始清理掉那些東西。你每說一次 *債務*，都會觸發所有前世被關進欠債監獄的記憶。別再用債務這個詞了。

信用額度

有信用額度，就有資格欠債。很棒吧？你是不是曾經努力工作讓自己拿到更多信用額度，好欠更多債？遊戲規則就是這樣。如果你沒有信用額度，就沒資格欠債。信用額度意味著你能夠欠更多的錢。很酷吧？

我們建議你改變對信用額度的看法。不要試圖創造信用額度，而是去尋求現金流帶來的豐盛。去提問：*我如何增加現金流？有什麼無限的可能性能讓大量現金進入我的生活中？*

有些人對我說：「噢，我欠了一大筆債。」

我說：「好，你欠了這些債。要還清這些債務，你每月得多賺多少錢？」

他們回答：「我不清楚。我每月要繳500美元的信用卡帳單。」

我說：「很好，這意味著你要花上20年才能還清那堆該死的債。」

如果你只付信用卡帳單上的最低應付金額，你知道你最後得花上200美元，才能還清一頓40美元的晚餐嗎？哎呀，難怪銀行喜歡讓你刷卡付帳。刷卡的感覺不錯，是嗎？別再幹這種事了！賺錢的感覺才叫不錯，那才是真正的不錯。

有信用卡酷，還是賺錢更酷？你對信用卡更有興趣嗎？

有時我看見人們打開皮夾，亮出一長串信用卡，我問：「你為什麼需要這些卡？」

他們說：「我的信用額度高得很。看看我能買多少東西！」

我說：「買個屁。你根本沒有錢。」

他們說：「我沒有錢，但我還是能買很多東西。」

我說：「是，但你沒有錢。你是發瘋的笨蛋嗎？」

我知道有人把皮夾翻過一遍，把所有信用卡拿出來放到一

邊去，這樣他就不用背著債到處走。這主意不錯。但那人又說，等他還清所有卡債後，他會慢慢地、但絕對要將那些卡片再放回皮夾裡—他要是這麼做，就是個大蠢蛋。

如果你開始用現金和流入你生活中的錢過日子，你就會開始擴展。當我們想：「噢，天哪，我的錢花光了。」那只是一個觀點。*我沒錢了，我得動用信用卡。*這觀點本身已足以將你鎖住，因為它是個謊言。

放棄信用卡，去找不同的方法。創造金錢，不要創造信用額度和尾隨而來的債務。下面這些工具會幫助你做到這點。

向你自己這座教堂繳納十一稅

所謂的十一稅是把收入的十分之一捐獻給慈善機構或所屬的教會。你能接受向你自己這座教堂繳十一稅嗎？如果你向自己這座教堂繳納十一稅，那會怎麼樣？你願意這麼做嗎？

你要做的事如下：從流入你生活的所有收入中拿出百分之十，放到一邊去。你可以把錢存進銀行帳戶，放在銀行，放到床墊底下，放在哪裡都可以，總之就是放到一邊，不要花掉。

如果你持續撥出百分之十放到一邊，你就是在向宇宙表明，你願意有錢。當你向自己這座教堂繳納十一稅時，宇宙的反應是：*哦，你喜歡錢？很好，我們給你更多錢吧。*你可能會想：*天哪，我現在都已經入不敷出了，怎麼有辦法存百分之十？*答案是：存百分之十就是你的辦法。宇宙會尊重你的要求，無論你要求什麼。如果你以收入的百分之十來榮耀自己，宇宙會說：*哦，你想用百分之十的收入來榮耀自己嗎？好，那就給你更多來榮耀自己吧。*

你是先付帳單，才扣掉給你自己的十一稅嗎？你有沒有注意到，當你先付帳單時，你的帳單就會越來越多？為什麼會這樣？你重視你的帳單，所以宇宙說：*哦，你喜歡帳單？好，我們給你更多帳單吧。*

這不是叫你不付帳單。但你要做的是先榮耀你自己，就算你得因此稍微節衣縮食，或等到日後再補足虧空也一樣。如果你開始把榮耀自己當成優先事項，並向你這座教堂繳十一稅，你的整個財務狀況會在六個月到一年內逆轉。你會達到你十億年前就設定好的財富目標—當時你說，*等我有了這個數目的金錢，我就是有錢人了；當我賺到這個數目的錢後，我就是超級有錢人了*。你甚至不記得自己決定過這些事，但當你達標後，你會體驗到內在的祥和感，你對金錢的狂熱需求也會就此消散。

只是10%而已

我有個朋友經營古董店，每六個月就向銀行借十萬美元去歐洲採購古董。銀行會預收10%的費用，亦即一萬美元。換句話說，他只拿到九萬美元，卻得償還十萬美元，外加15%的利息。如果他得花上一年才能還清借款，支付的總費用是多少呢？換算利率又是多少？答案是25%。如果沒辦法在六個月內還清，這筆十萬美元的借款會讓他付出2.5萬美元的成本。

他不得不起早貪黑地工作。有一天我對他說：「如果你願意拿出百分之十存起來，在六個月到一年之內，你的財務狀況將整個翻轉。」

他開始照做。六個月內，他將店擴大了一倍，並且用他自己的十萬美元去歐洲採購古董。他的生意翻了一倍，而他太太的事業則從每年25萬美元成長到150萬美元。

大約兩年後，我走進他的店裡，四下看了看。我說：「你把那百分之十花掉了，對吧？」

他說，「噢，你會通靈嗎？」

我說：「是啊，而且除此之外，我可以感知這裡的能量。你急著想賣掉東西，這裡不再有那種每樣商品都價值非凡

的感覺，所有東西都像是在降價求售。你改變了自己店裡的能量，你還指望靠什麼來成功？」

之後他的處境越來越窘迫，因為他沒有重新向自己繳十一稅。他之後還回我的電話嗎？沒有。為什麼？他知道自己如果重新開始留下10%，他還可以重振旗鼓，但他不肯。那是他的選擇。

攜帶現金

如果你在口袋裡放現金，帶著到處走而不花掉，這會讓你感覺很有錢。你的生活裡會出現越來越多錢，因為你在告訴宇宙你是豐盛的。決定一個你認為當你是有錢人時會隨身攜帶的數目。無論那個數字是多少—可以是500、1000、1500美元—把它時時放在皮夾裡。我說的不是信用卡金卡，那不管用。你得隨時在口袋裡放著實實在在的現金，因為重點在於承認你的財富。

如果你喜歡金幣，也可以把現金換成金幣。如果你喜歡，也可以換成鑽石。把錢換成你能方便搬運的通貨。如果我是你，我不會把現金換成裝滿石油的油輪，因為它們可能會沉進海底。

當我們要你把百分之十放到一邊時，不是要你用這筆錢去投資或創業。我們是要你學史高治叔叔（Scrooge McDuck）。還記得他嗎？他是唐老鴨的億萬富翁叔叔。他熱愛金錢！他會用一美元的紙幣填滿他的游泳池，然後縱身躍入池中。你想要很多錢嗎？那麼你得願意去真正擁有錢，讓一堆錢環繞你身旁。

請隨身攜帶你決定好的一大筆錢。如果你喜歡，也可以從你的百分之十之中撥一些過來。隨時帶著，不要把它花掉。當你知道你口袋裡有500、1,000或1,500美元的時候，你會說：嘿！我很酷！你會昂首闊步，知道自己可以走進任何地方，買下那裡的任何東西—但你不覺得有必要。

需求與貪婪

如果你有需求感,它總是會讓你覺得貪婪,換句話說,你會試圖緊抓不放,彷彿再也拿不到更多。當你感受到口袋裡有一大把美妙的鈔票,還有事物正出現更多可能性,你身上會發生各種改變,因為你運作的觀點不再是你的錢所剩有限。你會開始從以下的觀點去運作:*我有錢在口袋裡。我家裡的抽屜放著幾千美元。我跟金錢玩耍。我把錢丟到床上然後光著身體在上面打滾,只因為那感覺很棒。*

你是否曾經細看你的錢?它們看起來是什麼樣子?百元大鈔上是誰的頭像?我們很清楚,因為我們帶著一堆鈔票到處走。它們很漂亮。沒錯,它們很漂亮,而且我們把它們帶在身邊。我們喜歡所有這些鈔票,它們超可愛。如果你改變你的觀點,認為錢很可愛,你也喜歡它的樣子,也許你會變得更容易接收它們。

第二章

一些很酷的工具

從汗水（PERSPIRATION）到靈感（INSPIRATION）

在Access裡，我們不追求最新最前端。我們尋求創造，因為你若不斷地創造生活，你就是在擴展生命。

在本章裡，我們提供一些提問、技巧和工具，它們會為你帶來機會，將汗水轉為靈感，從而創造你想擁有的生活。不過有個前提：如果你希望你的生活改變，你必須運用這些工具。

這些是你想像得到最簡單、最有力的工具，但90%的人得到這些工具後卻從不運用。你也可能拒絕它們。如果你對關於金錢的無意識上癮，你就不會去做讓生活改變的事。

你會看完這本書，說：「我把錢花在這本金錢書上，卻什麼也沒改變。真是太不值得了。」

如果你不去運用這些工具，那的確不值得。但你若決心要讓生活發生變化，讓關於金錢，甚至是其它一切事物的實相變得不同，那麼我們邀你來試試這些工具。

活在提問中

宇宙是無限的空間，有無限的答案。你若提出一個不設限的問題，宇宙一定會給你答案。但我們通常都問些限制性的問題，像是*我如何從A點到B點?* 當我們這樣問時，頭腦就會開始運作，試圖找到辦法：*做這個，這個，這個，還有這個。*

當你試圖讓某件事發生時，你是在尋求答案，而非提出問題。別企圖去搞懂，你會讓自己受限。你的理智是個危險的玩意。它只能定義你已經知道的事，卻無法變得無限和不受限制。你每次一得出答案，能為你顯現的就這麼多了。但你若活在提問中，就能擁有無限的可能性。試著去運用下面這些提問，看看會發生什麼事。

要怎樣才能令＿＿發生？

當你活在提問中，你就創造了一份邀請。當你問：*要怎樣才能令＿＿發生?* 宇宙就會給你各種機會讓它發生。

你被卡在生活裡，想著：*事情要嘛是這樣─要嘛是那樣；我做得到這個─我做不到那個；我可以成為這個─我不能成為那個；如果喬不借給我五千美元，我就不能＿＿；我永遠也買不起＿＿；我就是沒有錢去＿＿。* 這些全是限制性觀點。你可以用不受限的觀點去提問：*要怎樣才能令＿＿發生?*

最近我從儲蓄帳戶中提款，因為我的現款似乎不夠。當時我說：「可惡！我的錢為什麼會不夠？我無法理解！要怎樣才能讓更多錢出現？我的錢不夠，這真是太荒唐了。要怎樣才行呢？」

第二天，我從衣櫃拿出一個三個月沒用過的公事包，在裡面找到1600美元的現金，是我之前因為某個原因放在那裡的。兩天後，戴恩和我飛往佛羅里達，抵達後我們的朋友吉兒遞給戴恩一個信封，說：「這是跟刷卡機放在一起的。」

戴恩問：「這是什麼？」

她回答：「是你和加利之前教課時收到但沒兌現的支票。」

信封內有一些支票，總值是2000美元。

在同一天，我接到一位女士的電話，說我之前為她提供服務而應收取的1800美元並未從她的信用卡扣款；一天之後，我又在抽屜裡找到一張之前放進去的500美元支票。

這些錢正好等於我從儲蓄帳戶提款的6000美元。我說，「嗯，我猜我其實不缺錢，我只是沒仔細找。」

有趣的是，這事情還有下文。今天又有一位女士打電話給我說，「你記得我前幾個月上過你的課嗎？他們沒有從我的帳戶扣款。我現在給你寄去支票。」

我說：「好極了！怎樣還能比這更好呢？」

你必須向宇宙提問，它才會給你答案。你得去要求。光是說「我想要更多錢」沒用。那只是在說「我缺乏更多錢」，這裡面沒有提問。永遠去提問：*要怎樣才能讓＿＿發生呢？*

這當中有什麼可取之處是我沒領悟到的？

還有一個很棒的提問是：*這當中有什麼可取之處是我沒領悟到的？* 你是否認為生活中有些領域的選擇只能非此即彼？你是否認為自己只能從硬幣的兩面中挑一面，不認為自己有無限的能力可以做到任何事？你是否認為自己只是宇宙中的一顆微塵，只會問：*我有哪裡不對勁？*

這讓你變成怎樣了？它將你放進有限之中。你無法成為你真實所是的無限存有，你抹煞了改變的可能性。別問：*我有哪裡不對勁？* 改成問：*這當中有什麼可取之處是我沒領悟到的？*

戴恩剛開始和我合作時，他和我及我的前妻一起住。一陣子之後，他找到自己住的地方，我幫他搬家。最後一批行

李到達時，房子的主人出現，而且大發雷霆。她說的話包括：「你不能搬進來，給我出去！我沒有同意過讓你住，你不能住進來。」

戴恩垂頭喪氣。他問：「我是哪裡出了問題，為什麼這件事就是不順利？」

我說：「老兄，你問錯問題了。這當中有什麼可取之處是你沒領悟到的？」

後來發現，那個房東也住在那間屋子裡，整天喋喋不休，神經根本不正常。戴恩沒有住進那兒，而是找到一間俯瞰公園的兩房公寓，地點在城裡很不錯的區域，比原來的好多了。他因此可以在家工作，省下租辦公室的費用。

這一切比他原先規畫的好上許多，因為在計劃落空時，他願意問：「這當中有什麼可取之處是我沒領悟到的？」

身為存有的你不會做錯事—就是不會。但某些時候，當你無法得到想要的結果時，也許當中有某些可取之處是你並未領悟到的。要怎樣才能發現那是什麼？問：「這當中有什麼可取之處是我沒領悟到的？」無論那是什麼，這個提問都能要求覺知和不受限的能力，使我們去感知並看見。用這個提問來解鎖改變生活的可能性。

怎樣還能比這更好？

這裡有個可以天天運用的提問。遇到不妙的狀況時，這個提問會讓你獲得明晰，知道如何去改變事物；如果在順遂時運用它，各種有趣的事情都有可能發生。

在紐約，曾有位女士走出Access課堂，在電梯前發現一毛錢硬幣，她說：「哦，怎樣還能比這更好？」將它撿起來放進口袋裡。她走下樓到街上，看見地上有一張十美元的鈔票，撿起來放進口袋裡，又說：「怎樣還能比這更好？」她原本打算搭

地鐵，卻招手叫了一輛計程車，直接開到她家樓下。從車裡出來時，她看到排水溝裡有東西在閃閃發亮。她伸手進去撿起一條鑽石手鏈。這次她說：「不可能比這更好了！」這是一大錯誤。當你這麼說時，一切就到此為止了。誰曉得呢，她要不是停下來，現在搞不好已經擁有帝國大廈了。

我不是在保證你也可以讓一毛錢變成鑽石，但你永遠料不到會發生什麼事。只須一直提問：「怎樣還能比這更好？」

感知、知曉、成為和接收

你是否想知道要才樣怎能讓工作更好，改善財務狀況、事業或關係？答案是只要生活裡有任何領域讓你覺得不滿，那裡就有某些東西你尚未感知、知曉、成為或接收。

我們為什麼這樣說？因為我們知道你是個無限的存有。作為無限的存有，你擁有無限的的能力去感知、知曉、成為和接收。換言之，在把生活創造成你所選擇的受限狀態時，你一定有某些東西是不願意去感知、知曉、成為和接收的。

每天說下面的句子三十次，連續三天：*讓我感知、知曉、成為和接收我所抗拒、不敢、認為絕對不行，並認為必須去感知、知曉、成為和接收的一切，讓我可以對___擁有完全的清晰和輕鬆。*你也可以採用簡化版：*我必須感知、知曉、成為和接收什麼，才能讓我___？*

你可以在空白處放進任何東西。這個提問將開始解鎖你沒有展現自我的部份。

如果你能夠每天做這個提問三十次，連續三天，到第三天底或第四天，你將開始有新的靈感來看待事物。你會突然問：*為什麼我以前就沒想到這個呢？*那是因為你拒絕、不敢、認為你永遠不能感知或接收某些東西，或者認定為了達到某個目標，你必須只去感知或接收某些東西。

這個簡單的提問可以幫你解除你的制約。讓我感知、知曉、成為和接收我所抗拒、不敢、認為絕對不能、認為必須去感知、知曉、成為和接收的一切，讓我可以對＿＿擁有完全的清晰和輕鬆。一天三十次，這會開始改變你生活中不如意的事。

生命只剩十秒鐘

你的餘生只剩十秒鐘，到處都是獅子、老虎、熊和毒蛇，牠們馬上就要吃掉你。你只剩十秒鐘，你會做什麼選擇？

如果你將只剩十秒鐘的概念運用在生活中的每件事，你會發現要做出錯誤的決定是不可能的。如果你只生氣十秒鐘，然後停止，你就不會做出錯誤的選擇；如果你愛十秒鐘，你可以在那十秒裡愛任何一個人，無論那是誰；你可以恨一個人十秒鐘；你可以和你的伴侶離婚十秒鐘；然後在下一個十秒鐘裡，你可以再去愛他或她。

如果你活在十秒遞增裡，你創造的就是活在當下。大部份人都沒有活在當下，而是不斷擬定將來的計劃和系統，好讓未來照他們想要的方式顯現。但我們能活著的時點只有一個，就是此時此地。其他任何東西都在殺死你，讓你無法好好活著，錯過享受你自己的生命。

人們問：「要怎麼用十秒遞增法做生意？」你可以在十秒鐘內決定是否和那個人談生意，可以知道他／她是否能貢獻你。你有能力知道。十秒遞增會迫使你停止思考，進入知曉。

在十秒鐘內，你可以開始打破要你去理解事物、提前計劃的制約。你可以學會如何選擇、如何去臨在。你無法在十秒鐘內去評判，因為時間轉瞬即逝。在生活中，我們自我評判，試圖去解決我們所評判的事物，從而延長我們的痛苦。但如果你只是說，*好吧，我已經花十秒評判自己了，再來我要怎麼選擇？那會怎麼樣？*

當你做了自認糟糕的事，你會懲罰自己多久？你會糾結多久？幾天？幾個禮拜？幾個月？幾年？如果你活在十秒遞增裡，你就沒辦法自虐這麼久。當然，你也會什麼都記不住。但這正是其中的好處。

如果你練習在十秒遞增裡選擇生活，你會開始創造接收金錢的選擇和機會。我們大部份人都基於義務來創造。我們說，*我得做這個，做那個，還要做這個*。但這些是我們真正喜歡做的事嗎？通常都不是。但我們還是繼續選擇它們。為什麼？因為我們認為我們不得不做。我們認為我們有做這些的義務，不然就沒人付薪水給我們。我們買入的觀點是其他所有人都比我們自己更重要。如果你只有十秒鐘來為餘生做選擇，你會怎麼選？

你會選擇貧困嗎？這只是一個選擇，既不愚蠢也不瘋狂。當你活在十秒遞增裡，你可以重新選擇。你不必困在貧窮中。

你有十秒鐘，你要選什麼？財富？好，十秒鐘過去了。你剩下的生命還有十秒，你會選什麼？笑聲？喜悅？意識？

摧毀並永不再創造你的生活

你該做一件事，那就是讓每一天都重新開始。你應該重新創造每一天。這意味著每天早晨，你都摧毀並永不再創造你昨天所是的一切。如果你做生意，每天早晨都摧毀並永不再創造它。如果你每天都摧毀並永不再創造你的財務狀況，你會開始創造更多錢，你會創造今天。這是活在十秒遞增裡的一部分。當你活在當下，你不是在試圖證明過去的決定正確，而是在創造生活的每分每秒，而且時時如此。

我們往往會想，*哎呀，我已經創造出這麼一堆美麗的狗屎，我才不想摧毀它。我只要不理睬它，繞過它，再去創造點別的什麼就好*。但實際情況是，那堆狗屎依然留在原地，在你

不理睬它的每一天裡，它都越來越臭，直到最後臭氣沖天，讓你不得不去處理它。

摧毀並永不再創造你的關係

如果你正處於一段關係，而你每天都摧毀並永不再創造它，那麼你每天都將創造全新的關係，這會讓你持續處於創造的波前。我們遇過一對夫婦，他們已經結婚二十六年，而在結婚二十七周年紀念日，他們沒有再辦一次慶祝，而是決定將關係全部摧毀並永不再創造。他們從那以後一直不斷這麼做，還表示性生活越來越美滿，而且次數也變多了。

他們十七歲的女兒說：「你們倆能不能別像青少年那麼性致勃勃？肉麻死了。你們隨時都在想那個。」這兩人已經結婚二十七年了，但事情就是這樣。當你摧毀並永不再創造所有已經創造過的事物，創造全新事物的機會就會出現。

我決定摧毀並永不再創造和我子女們的關係後，發生了有趣且料想不到的事。我的小兒子是遲到慣犯，不管做什麼事，你都可以保證他會遲上半小時到一小時。在我摧毀並永不再創造和他的關係三天後，他打電話給我：「老爸，可以一起吃早餐嗎？」

我說：「當然沒問題。兒子，你想約什麼時間？」

他說：「大概20分鐘後。」我說：「沒問題。」

當時我和戴恩在一起，我告訴他：「我們至少還有40分鐘。」於是我們磨蹭了大約45分鐘。

當我們抵達吃早餐的地方時，我兒子站在角落裡，正不耐煩地用腳點地，跟我平常等他的樣子一樣。他說：「你到哪去了？我在這兒等你20分鐘了！」

我心想：「天啊，我兒子是半夜被外星人綁架了嗎？這不是我兒子，他從來不準時的！」

從那以後，他一直都很準時。這真是匪夷所思。自從我摧毀並永不再創造和他的關係後，他再也不遲到了。

摧毀並永不再創造不是要你真的去破壞什麼東西，也不是要你去結束你的關係。你要摧毀並永不再創造的是你已認定的觀點，好獲得更多清晰度，看見還有什麼可能性。你要摧毀並不再創造的是你的決定、評判，你的義務、不滿、算計，還有你的投射與期待，以及所有你認定將來會發生的事情。

要怎麼做？

要怎麼做到這點呢？你說，*我現在摧毀並永不再創造我昨天所是的一切。*你可以摧毀並永不再創造任何事情。你可以說，*昨天我關係（你也可以改成事業或財務）所是的一切，我現在通通摧毀並永不再創造。*

還有什麼可能性呢？

還記得你的孩提時代嗎？你的每一天是從盤算不得不做哪些事開始，還是只想開心玩耍度過呢？如果你每天都摧毀並永不再創造你的生活，每天早上起床你都可以問：*好，今天我可以創造什麼樣的可能性？*或是，*嘿，還有什麼其他可能性呢？*如果你這樣做，就能創造出全然不同的實相。你將以青春揚溢的熱情去創造，因為你不再是昨天的那個你了。

今天我是誰？我將有什麼偉大而榮耀的冒險？

在你摧毀並永不再創造你的生活之後，你還可以做另一個提問：*今天我是誰？我將有什麼偉大而榮耀的冒險？*如果你將昨天摧毀並永不創造，你就可以開始將生命創造成冒險，而非義務。

真相和謊言

真相總是令你感到較為輕盈，謊言總是讓你感到比較沉重。

如果什麼事令你感到沉重，無論它對其它人而言是否為真，對你來說就是謊言。不要認為別人知道的比你多，這是在把你的力量交給他們。你才是源頭。

每當你的注意力無法從某樣事物上轉開，那其中就有謊言依附在真相上。去提問：*這當中哪一部分是真相，哪一部份是已說出口或未說出口的謊言？*

哪一部分是真相呢？

大部份卡住我們注意力的謊言都是未被明言的。你會不斷想到它。如果一個念頭反覆升起，去提問：*哪一部分是真實的？* 答案會令你感到輕盈。

依附其上的, 是什麼
已說出口或未說出口的謊言？

接著提問：*依附其上的, 是什麼已說出口或未說出口的謊言？* 當你認出那個謊言時，整個事情會被鬆開，成為真相，而你從當中解放了。

我有個朋友，他是位神奇的療癒師，只須幫你做個按摩就可以帶來奇蹟。他能治癒身體。他參加了Access基礎課和第一級課程，然後說他沒錢上第二、三級的課了。我說：「我願意把課程贈送給你，因為你是我的好朋友，而我真的希望你能夠受惠。」

他說：「太棒了。」卻沒有來上課。

我給他打了好幾次電話，但他沒給我回電。

兩週後，我對這個情況感到奇怪，到他妻子的辦公室去，而他就在那兒。

我說：「我們去散個步吧？」

他說：「好吧。」

我說：「你為什麼不來上課呢？」

他說：「我仔細思考了一下，然後我發現，我真正的使命是去賣維他命。」

賣維他命？這是他的使命？我心想，*這沒有讓我覺得輕盈。事情的真相是什麼？*我沒有反駁他，但實在想不通：有人要送你價值1400美元的課程，你卻拒絕了。發生了什麼事？我離開了，但覺得困惑，一直在琢磨這件事。

真相是……

幾天後，我說：等等，*真相是他沒有來上課。*

說出口的謊言

然後我認出被說出口的謊言，那就是他要賣維他命。

沒說出口的謊言

再來然後我感知到他沒說出口的謊言，亦即*是他自己選擇*不去上課。事實上，是*他的太太*不想讓他去。我知道他太太是家裡掌權的人，而她不想讓他擁有力量，因為那意味著他可能離開她。他比她年輕，相貌英俊，而她沒有體認到他是因為愛她才和她在一起，卻認為他會留下是因為她是家裡主要經濟來源。於是她決定，讓他沒有力量會比較好。

一旦看清狀況，知道發生了什麼事，我從此再也不去想它了。

對反覆出現的念頭運用這個提問。問自己：哪一部分是真相？答案會令你感到更輕盈。然後再問：*哪些是依附在真相上，已說出口或未說出口的謊言？* 通常會讓你放不下的是未被說出口的謊言。認出它，你就自由了。

有趣的觀點

當你處於沒有評判的境界，你認識到你是一切，而你不評判任何事物，包括你自己。你的宇宙中完全沒有評判，只有對一切的全然允許。

當你處在允許(allowance)中，你就像河流中的巨石。各種想法、念頭、信念、態度、情緒紛沓而至，然後從你身邊通過，你仍是河流中的巨石。一切都是有趣的觀點。

接受(acceptance)跟允許不同。在接受中，當想法、念頭、信念、態度、情緒朝著你來，而你隨波逐流，你就會被沖走。在接受中，你要不就是看齊或同意，站到認同的一邊去；要不就是抗拒或反應，站到反對的一邊去。無論是哪一種，你都成為河流的一部分，被水流帶著走。

如果你處於允許中，對我正在說的事你可以說，*嗯，那是個有趣的觀點，不曉得那裡面有沒有真相？* 你進入提問，而非反應。當你對觀點產生抗拒、反應，或看齊、同意時，你就創造了限制。想要不受限制，就要運用*有趣的觀點*。

這在日常生活中是什麼感覺？你和朋友走在街上，他對你說：「我破產了。」這時你會怎麼辦？

「哦，太可憐了！」這是看齊和同意。

「不會吧！」這是抗拒和反應，你知道他就要向你借錢了。

有趣的觀點是：「真的啊？」

有誰惹毛你了嗎？問題不在他或她，在於你。只要你覺得

惱怒，你就製造出問題。把你自己關進浴室裡，不論你有什麼觀點，都說出聲或在心裡想：*有趣的觀點，我有這個有趣的觀點*；持續做，直到你克服這件事，能夠允許它為止。然後你就自由了。

重點不在於別人怎麼回應你，而在於你能否允許他們當個完全的混蛋。你必須允許其他人待在原地不動，這樣他們才能改變。

你不必去看齊、同意、愛他們，也不必去反對、抗拒、恨他們；這些都不是真實的。你只須允許、尊重他們的觀點，但不去買入就好。允許不是要你逆來順受，你只須如實如是。

最難的是允許你自己。我們往往對自己評判評判又評判。我們試圖做個好父母、好伴侶、或好的這個好的那個，卻因此將自己鎖住，總是在評判自己。但我們可以允許自己的觀點。我們可以說，*我有這個觀點，真有趣。我做了那件事了，有趣。*

當你活在允許中，一切都成為有趣的觀點。你不接受它，不抗拒它。僅僅容許它是。生活會變得越來越輕鬆。

生命中的一切都來得輕鬆、喜悅並充滿榮耀

Access的魔術句是：生命中的一切都來得輕鬆、喜悅並充滿榮耀。這不是正向喊話，因為它不僅包含正面事物，還包括所有好的、壞的和醜陋的一切，而我們以輕鬆、喜悅和榮耀來面對它們。沒有什麼必須是痛苦、受罪和血淋淋的，雖然後者是大部分人的生存方式。你可以不必效法大多數人，轉而選擇樂趣。如果生命的目的就是享受樂趣，那會怎樣？生命中的一切都來得輕鬆、喜悅並充滿榮耀。

每天早晚各說這句話十次，它會改變你的生活。把它貼在浴室鏡上，告訴你的伴侶這是因為你想記住它。那也會改變他／她的生活，只因為他／她總是得看見這句話。

你猜怎麼著?我們要結婚了!

一位女士打電話問我:「我希望我的男友娶我。我該怎樣才能讓它發生?」

我說:「親愛的,我是個靈媒,但不是巫師。我只能給你一個建議,那就是把『生命中的一切都來得輕鬆、喜悅並充滿榮耀』這句話貼在他每天刮鬍子的鏡子前。誰知道會發生什麼事情呢?」

三週後,她打電話給我,說:「你猜怎麼著?我們要結婚了!」

奶奶,那是什麼?

一位在紐西蘭從事Access的奶奶告訴我們,她的孫子看到她冰箱上貼的「生命中的一切都來得輕鬆、喜悅並充滿榮耀」,問道:「奶奶,那是什麼?我能用它嗎?」

她回答:「這是從Access來的。你可以用,只要告訴別人出處就行了。」

她的孫子是一家冰箱公司的經理。他讓業務員每天早上一起說這句話十遍,八週後他們的銷售額從每月兩萬美元上升到六萬美元。他們沒有做其他任何改變。

那位孫子把「怎樣還能比這更好?」這句話告訴他業績最差的業務員。那個人每次開新的售貨明細都說這句話,他的業績從每月七千美元增加到兩萬美元。

這些人從沒聽說過Access,也不知道這些工具從何而來,但他們*運用*它們─然後體驗到金錢流入生活的方式有了巨大改變。你也可以。

第三章

描繪出你理想工作的願景

你喜歡你的工作嗎?

大部份人在得到一份工作時,認定他們必須接受雇主開出的條件。他們認為就算雇主很苛刻,他們也得逆來順受,因為職場就是這樣。如果他們不高興,他們可以離開。但大多數人就算對工作不滿,還是會選擇留下,因為他們覺得能找到這份工作已經算很走運,最好緊抓不放,否則可能會找不到其他工作。你是否曾被這種想法束縛?*既然我找到這工作了,最好抓住不放,因為可能找不到別的了。*這也稱得上是活在無限的可能性裡嗎?

描繪出你理想工作的願景

與其找一份自己不喜歡的工作,忍受讓自己不快樂的一堆條件,還不如在心中描繪出自己理想工作的願景。

所謂的「描繪出願景」不光是它看起來的樣子,還有能讓它實現的各種元素的振動。你的理想工作感覺起來會是什麼樣子?會涉及哪些事?會如何顯現?

不要只是去思考。去感受理想工作的感覺。如果有什麼事物帶著同樣的感覺顯現，就往那個方向去。如果沒有那種感覺，那就不要去。如果只是稍微帶點那種感覺，但不是完全一樣，也不要去。你一旦為了餬口接受一份工作，能得到的就只有這麼多了。不要屈服在「我必須付帳單」之下。

在開始從事Access之前，我說：「好，我想要一份這樣的工作：每個月至少旅行兩週，每年至少有十萬美元的收入，和真正有趣的人打交道，永遠不覺得無聊；我想要不斷變化、擴展、越來越有趣的工作。最重要的是，我希望我的工作能夠引導人們擴展意識並且更加覺察他們想在生命中創造什麼。」

描繪出我想要的事物後，我想像有一個包含所有這些元素的小泡泡放在我面前，並且從全宇宙拉動能量穿過它，直到感覺它變得更強。然後我讓能量細流從泡泡流向所有可能正在尋求我，但他們自己也不知道的人們。每次只要遇到和我想要的事物相符，或帶著同樣感覺的事，我就去做，不管那對我來說是否合理。我做了很多不一樣的事，但每件事都讓我離現在所做的事更近。所有感覺與我想要事物一致的，我都去做，然後那會將我導向接下來要做的事。正因如此，最後我創造了Access。一開始出現的事不一定是最後的一步，但你要像這樣去選擇可以成為你墊腳石的事物。

有一天，我到了一個地方，被要求做一場通靈按摩。

我問：「那是什麼？我得一直睜開眼睛嗎？我需要脫掉衣服嗎？我需要接觸你的身體嗎？」還有：「我會收到報酬嗎？」

那個人說，「我只是要你為我的按摩治療師做一場通靈。」我說，「好吧。這我辦得到。」

我照對方的要求做了，從此開始使用後來成為Access的那些工具。從那以後，Access透過口耳相傳發展起來。99%的人是透過朋友聽說Access，然後被深深吸引，選擇去做。Access為什麼

可以像這樣發展？因為我保持開放，願意接受它所是的任何樣子，也因為我願意從舒適區走出來，成為不同。

一個可以持續賺到越來越多錢的工作看起來會是什麼樣子？

一個可以持續賺到越來越多錢的工作看起來、感覺起來、品嚐起來是什麼樣子？假如餬口不是重點，而你甚至不在意是否賺到錢，那會怎樣？如果金錢不是過程中決定性的因素，那會怎樣？如果最重要的是你有能力去實現生命中真正的渴望，你和人們如何連結，你如何幫助人們達成願望和目標，那會怎樣？

你真正想在生命中達成的是什麼？這是你該在心中描繪的願景。去把它做出來會是什麼樣子？這是你該問自己的問題。不要問：*我該如何創造它？* 當你問「如何」的時候，你就製造出把它弄清楚的需求，而這個需求會製造限制。

請求宇宙的幫助

請求宇宙幫助你。說：*好，我想要一個有這個、那個還有這個的工作。* 開始從全宇宙把能量拉進這個願景裡，直到感覺它變大了，然後再讓許多能量細流流向那些正在尋找你，但他們自己還不知道的人們。每次有什麼跟那願景感覺相似的事情出現，就去做它。

一切都是可能的。你是無限的存有，擁有無限的可能性。去選擇你想要在生命裡擁有什麼。

我可以如何運用我的才華和能力創造金錢？

許多年前，我做過給家具換布面的生意。我發現自己原來擁有獨特的才能。我可以看著客戶的地毯或窗簾，然後清楚知道它

們需要哪些顏色來搭配，還能將腦海中浮現的畫面牢牢記住。過了六個月後我看到某些布料，跟我客戶地毯的顏色一樣。我會致電告訴他們，我找到了他們所需的布料。他們會說：「太好了，你可以幫我們買下嗎？我們的椅子需要幾碼？」

我告知他們尺寸，然後買下布料。我會為這件事向他們收費嗎？不會。為什麼呢？我不覺得這能力有什麼特別。我以為誰都辦得到，所以這個能力不值錢。我們常常都這麼看待我們的能力和才華。它們對我們來說太容易了，所以我們不把它們當回事，看不到它們對其他人而言的價值。

有什麼事是你不費吹灰之力就能做到的？有什麼事對你來說太過容易，以至於你覺得人人都能辦到？當然，真相是沒有其他人做得到。你必須開始問自己，*好啦，我有什麼才華和能力，是我輕而易舉就能做到，以致於我認為沒有價值的？* 就是它──你總是做得毫不費勁，以致認為沒有價值的──那可能就是你最寶貴的才能。如果你開始運用它去創造金錢，你會獲得令人驚嘆的成功。

當我還在房地產行業時，我認識一位女士，她為一家大型房地產公司工作。她喜歡烹調，會為朋友做超棒的餐點，還做得出前所未見的華麗甜點。她只要為物件辦公開展示會，都會準備一道她做的甜點待客，而城裡所有房產仲介都會蜂擁而至。

某天有人對她說：「你真是個了不起的大廚。你應該開一家烘焙坊！」她照做了──現在她已是百萬富翁。在有人指出她的獨特才能之前，她一直不把它當一回事。她只是喜歡做菜而已。但因為最後終於有人告訴她：「你做得太棒了，你應該開家烘焙坊。」她才得到靈感。她離開每年收入約十萬美元的房地產業，現在收入數以百萬美元計。她在做她喜愛的事。

做你喜歡的事

你該做的是你喜愛的事，而非令你熱血沸騰的事。你知道「熱情」（passion）這個詞是從哪裡來的嗎？它源自希臘文的受苦（suffering）和犧牲（martyrdom），過去是用在耶穌的受苦和被釘上十字架上，也就是英語中的受難一詞（The Passion）。如果你希望被釘上十字架，那就跟隨你的熱情吧。去看看你使用的詞語原來的定義，因為我們有很多誤解和誤用，換言之，我們買入了有關詞語含義的謊言。瞭解事物真正的含義是很重要的。長年以來人們都告訴你，*跟隨你的熱情*。但你照做後順利嗎？並沒有。這其中必定有什麼原因，而原因其實跟文字的定義有關。

如果你被告知這樣做或那樣做會如何，但結果並非如此，去老字典裡查一下詞語的定義。你可能會發現某些字根意義和說話者要傳遞的恰恰相反。當能量和詞語不一致時，誤解或誤用就會發生，而詞語就被錯誤定義了。

如果你想賺錢，去做你喜歡做的事。如果你做喜歡的事，就能靠它創造金錢―前提是你願意為愛接收金錢。換句話說，你必須願意成為妓女。

但讓我們扔掉對當妓女的評判。摧毀並永不創造所有對當妓女的評判，因為說真的，當我們做自己不愛的事時，那才真的是為錢出賣自己。

選擇成為更宏大

我們遇過一位做小生意的女士，她下了決定，要把生意做大。她決定她的事業不能再是小生意了。她去雇了城裡最昂貴的公關公司來推廣她的公司，幾乎是一眨眼就開始和大公司接上頭。她上了廣播節目，還有一家主流的企業經理人雜誌刊登了有關她的文章。

我問她是什麼變了？她說：「我做了一個選擇。」

我問：「哦，是什麼樣的選擇？」

她說：「我選擇成為一個更宏大的我。」

這就是你必須做的事。你必須選擇成為比你過去願意成為的更宏大的你。

當我剛開始推廣和發展Access時，我決定我必須變得更出人意表，我必須更進一步，成為一個比我曾經願意成為的更大的人；我必須願意站出來、拉高強度，成為爭議性人物。我必須願意作出在某些方面撼動他人世界的宣言。

我一做出這個決定，事業就開始成長了，因為我願意成為更多。是這個願意成為更多的選擇讓你的生意成長。我不是說你一定得去雇個公關公司，還有其他進行的方法。

重要的是做出那個決定，然後該如何進行的方法就會開始在你的生命裡顯現。當你不願意去承諾成為更宏大時，你就會卡在你一直所在的原地，未來也不會改變。

我說的是願意在所有方面成為更多，你必須停止抗拒成為你真正所是的一切。你把自己定義得一清二楚，對吧？我是這個—我是那個—我是這個。成為更多意味著你必須拒絕、戰勝並摧毀所有關於你自己的舊定義。

就在今天，我將變得比昨天的我更宏大

每天早晨醒來時，摧毀並永不創造所有你對自己的定義，用這開始一天，然後說：*就在今天，我將變得比昨天的我更宏大。*

要成功，你得成為誰？

你認為為了成功，你必須成為別的什麼人嗎？演員必須成為另外一個人—但你需要這樣做嗎？回想一下你過去創造過的

各種身份,它們原本應該要確保你的成功,但它們幫上忙了嗎?還是讓你更難獲得想要的成功了?你是否已經搞不清楚自己到底是誰?

要成功,你得成為誰?答案是你必須成為自己。成為你。要成功,你必須從迷失中走出來,主張並擁有成為你自己的能力。你還必須摧毀所有令你無法感知、知曉、成為和接收你真正就是的人、事、時、地、原因。

我還必須感知、知曉、成為和接收什麼?

當Access剛起步時,我不斷地問這個問題:*我還必須感知、知曉、成為和接收什麼,讓我和Access可以輕鬆成長?* 我每天問這個問題三十次,持續了大概四天,然後我突然領悟到我不願意去做哪些事。

我不願意成為人們眼中的大師。我對操控別人的人生沒興趣,只對掌控自己的人生有興趣。我對自己生命的成長有興趣,對為別人的生命負責則是興趣缺缺。我不願意在那些尋求大師的人面前以大師的姿態出現,這限制了有多少人可能接觸Access。

我發現我不斷貶低自己,讓自己變得比我真正所是的更差勁,好試圖證明我不是個大師。一旦我發現我正在做什麼,我便願意說:*好吧,我可以讓自己看起來像個大師。我可以讓自己看起來像任何樣子,但我不必成為那樣,只要在別人眼中看起來像那樣就行了。* 我做了這個改變,於是Access開始成長。

我還必須成為什麼?

然後我還得更進一步。我問:*我還必須成為什麼?* 我意識到自己必須成為爭議人物。當你是個爭議人物,人們就會談論你,對吧?好消息是我願意盡我所能地創造爭議性。有一次我

在舊金山上一個廣播節目,談論我將教授的性和關係課程。我說:「我們還會談到肛交和虐待。」主持人狼狽了起來:「呃…道格拉斯先生…不好意思…」那真是好玩。

如果你不願意把自己推向台前,你能接收更多嗎?

因為我願意百無禁忌地談話,因為我願意極端驚世駭俗,因為我願意用我過去抗拒的方式把自己推向台前,有各種各樣的人出現和我合作。如果你不願意把自己推向台前,你能接收更多嗎?不,你辦不到。如果你想讓生活更好,你必須願意成為爭議人物;你必須願意興風作浪,願意摧毀每一樣你認為保守的事物,並脫離你目前實相裡的控制系統。如果你願意這樣做,你的生活將會是什麼樣子?

答案是你在生活中將變得擴展,而非緊縮。你是否老是只看你怎樣可以*不該*去做哪些事,而非你*可以*、*能夠*、或可能用哪些方法去做那些事?

如果你脫離了控制,就無須再理會任何人他媽的觀點。你不再主張、擁有或承認不適用於你的規則。如果你願意不再依循別人的規則來生活,你的生活就無須以別人的觀點做根據。

如果你超越控制,會發生什麼事?

如果在你創造你精采又難以相信的富裕生活時,你脫離了控制、定義、侷限,擺脫形式、結構、重要性,那會怎樣?你會變得驚世駭俗,還能享受超多樂趣。生命的重心將是感受喜悅,生命是歡慶,而非貶抑。

你是否願意從今天開始,去主張並擁有慶祝生命的能力,讓每一天都是喜悅的體驗?你是否願意主張並擁有超越控制的能力?

第四章

對付難纏的人

邪惡小人和響尾蛇

ELF是指那些以貶低你為樂的人。ELF是什麼意思？邪惡小人 (Evil Little Fuck，所以我將他們縮寫成「ELFS」)。他們會說：「噢，這洋裝不錯，你穿了這麼多遍，每次看到我都很喜歡！」或者：「這洋裝真棒，雖然你胖了些，穿在你身上還是很好看。」

我們往往傾向把別人看成完全的好人或完全的壞人。我們希望看到別人的好處，而非他們的壞處。我們認為去看別人的壞處是不善良的。是這樣嗎？還是說不去看壞處才是愚蠢又瘋狂呢？答案是後者。而且那樣做並不怎麼有意識。我們必須願意同時看到人們好和壞的一面。

你被人佔過便宜嗎？你曾因為錢遭人利用嗎？你得認清世上有邪惡小人和響尾蛇，而且它們當中有些會以人的模樣出現。

當一條響尾蛇以人的模樣出現時，你不會想帶他回家過夜。他遲早會在你的屁股咬上一口，還會在你的宇宙裡留下毒素。

45

你得在生活中隨時承認邪惡小人和響尾蛇的存在。如果你不去承認他們所是，他們就無法改變。他們無法變得不同。我們知道沒有人是十惡不赦的，但響尾蛇會願意被稱為襪帶蛇嗎？不，那會惹毛他們，讓他們朝你更兇狠地咬下。如果你承認他們，在心中說：*你真是一條氣派的響尾蛇，你的背上有很棒的鑽石紋，聲音真是響亮，我要隨時離你八英尺遠*。這樣你就不會被咬了。

如果你能看到某人的惡並承認它，這是評判嗎？還是觀察？如果你看清有人能夠對你使壞，那他們就做不成那些壞事了。只有當你不願去看別人所做的不善、不好、不擴展之處，你才會挨他們的悶棍。你該開始去看清人們真正所是。別買入那種人不是全好就是全壞的看法。

有些來上我們課的人就像毒蛇一樣。我會在心裡想，*神啊，拜託別讓這個人來*。但他們還是不斷回來。他們對我而言一直是堂很棒的功課，因為我知道，他們最終會做出壞心眼和惡劣的事。但因為我知道此事，我就能做好準備，應付他們。我不會誤以為他們既然來上課，想必願意變得更有意識，或者他們總有一天會變得有意識。我知道他們就是選擇了反意識。而當他們處於反意識中，他們無法覺知自己的所作所為，只要有機會，他們就會選擇幹不光彩、傷害他人的事。

誰是你生活裡的邪惡小人和響尾蛇？

誰是你生活裡的邪惡小人和響尾蛇？你是否願意不再拼命去找他們好的一面？你能否不再評判自己，認為是因為你沒有做好，他們才會一直這麼惡劣和壞心眼？

如果你願意承認你週遭的邪惡小人和響尾蛇，不要以評判，而是以覺察來看待他們，你將創造出自由來遠離他們—或者你會知道如何應付他們。

我們有個朋友是位針灸師，她有個客戶是個超級邪惡小

人。她問我該如何應付她。我說：「你還是照常給她治病，但承認她是個邪惡小人。」

幾週後，這個朋友打電話告訴我：「我真不敢相信，我曾以為她是世界上最不可能改變的人，但她今天來找我，對我說：『我這輩子一直是個糟糕透頂的人，對每個人都惡劣又壞。我決定當媽媽了，但我不敢想像孩子會想要我這麼惡劣的母親。我要改頭換面！』」

你該做的就是承認一個人所是的樣子。不用試圖去改變他們。

做事草率的人

你是否碰過某些人，他們不履行自己職責或者做事敷衍了事，讓你不得不另外雇人來完成他們留下的工作？你是否覺得奇怪，這些人是怎麼混下去的？答案是，如果你不願意接收一個人願意做的一切，包含好的、壞的、醜惡的種種，那你可能會倒大楣。

我曾經雇過一個管家。她是我認識的人，是個朋友。有一次我忙了一整天回到家，走進門時還抱著孩子，整個人筋疲力盡。但房子髒得很。

我說：「你今天不是該打掃嗎？」

她說：「我做了。你欠我八十美元」。

我說：「為什麼？我只看到廚房檯面是乾淨的，水龍頭是發亮的，但其它地方一團糟。地毯需要吸塵，廚房地板也沒清掃過。」

她說：「總之你欠我錢。」

我說：「欠你什麼？你什麼都沒有做。你憑什麼認為自己配拿八十美元？」

她說:「因為那是我應得的。」

我說:「我原本還當你是個朋友。但你什麼都沒做,卻要我吐出八十美元,還覺得那是你應得的。你這算什麼朋友?」

她說:「這是生意,別把它跟私交扯在一起。」

有人對你做過類似的事嗎?*這只是生意*。你不覺得這句話很好用嗎?*這只是生意*。這意味著他們可以對你為所欲為,不管那有多不道德,你都必須接受,如果你覺得火大,那就是你不對。這只是生意,跟私交沒關係。才怪,關係可大了!

只要有人想佔你便宜,那就跟私交有關係。你被這樣利用過嗎?你是否願意站起來,成為更強大的你,告訴他們:「不,我不吃這一套」?

你是否只該看別人好的一面?

你得將自己封閉到什麼程度,才能不去感知、知曉、成為和接收某個人真實的狀態?是很多,還是一些?答案是很多。很多人不願意相信這件事。他們被教導應該只去看別人的好處。但你若不能看清狀況,又怎能採取適當的行動?

因為有覺知,你才能採取適當地行動。例如你知道,*好啦,現在很冷,我得穿上外套*。當你處於完全的覺察,你就能接收所有訊息。如果你到野外去,期待大自然會照顧你,你就是不願意去看到天氣會變冷。也不願意看到馬上要下雨了。你會淋濕嗎?會感冒嗎?當然。在我們的生命裡,我們若不去感知將會發生的事,就等於赤裸裸地暴露在各種可能性之下。

就是要變得有覺察

重點在於成為覺察。就像在大自然中一樣,允許自己去接收,亦即不去切斷感知。你不會無視各種跡象,認定「這是個

好人，可以共事」。如果你認定某人是誠實的，當他們對你說謊，你能注意到嗎？或者你會主張，*不，她不可能對我說謊。*直到她對你撒了十次謊，你才終於說：*你知道嗎？她不誠實！*然後不管她是否說真話，你都聽不下了。這時你*仍然沒有覺察。*

你設下標準來定義自己從他人那裡接收什麼。如果你移除這些標準，允許自己從別人那裡接收一切，你就不必預下評判。你可以說，*好吧，在我面前這個人是誰？現在發生什麼事？他們在做什麼？*

如果他們對你說謊，你可以說，*喔，這是個謊言。好吧，有趣。我好奇他們還有什麼其他謊言要說嗎？*你會開始注意到他們在說什麼謊；然後你會看清，*喔，所以如果我這樣做，他們就會撒謊，直到騙走我全部的錢；但在另外這個方面，他們是誠實的。好吧，我只在這些方面聽他們的，但其他方面就別買他們的帳。*

你願意接收一切訊息嗎？

如果你走進一家賣DVD播放機的商店，指定某個型號，但銷售員告訴你：「不，我們現在不賣那個型號，它過時了。」他說的是真話嗎？如果你願意像在大自然裡一樣接收一切訊息，你會知道他沒有說真話。

真相是店裡沒有你要的型號，銷售員想賣給你有現貨的機子。他不希望你什麼都不買就離開。甚至連說一句：「我可以幫你找到你要的機種」都不肯。他就是要你買他們的存貨。如果你願意接收一切訊息，你就會知道發生什麼事，然後你可以說，*好吧，看來這裡不是我想光顧的地方，他們不會滿足我的需求。他們無意服務我，只對賺我的錢有興趣而已。*

當你去購物時，你要的是什麼？你在找願意服務你的銷售員嗎？當你走進店裡，有人熱情地對你說：「你好，很高興見

到你。哇，你好嗎？」她會服務你嗎？她是真心的嗎？答案是否定的。但當你走進店裡，如果有人說：「你好，我能為你做什麼？」這樣問的人對你可能是有興趣的。

是誰封你當上帝？

如果有人做了不道德、惡劣、邪惡、不善良、離間或殘忍的事，而你不去認清事實，結果就是你會把他們的責任攬到自己身上。你會想，*如果我換個作法，他就不會做出這種事了。我一定做錯了什麼。我錯在哪兒呢？*

你不願意認清，你並不會去做惡劣或不善良的事。你也許會動心，但並不會做出那種選擇。你把過錯攬到自己身上。你為什麼要承擔過錯？你為什麼要為他人選擇的惡意行徑負責？你要為整個世界承擔責任嗎？是誰封你當上帝了？

過去我的確也有這樣的觀點。*如果我是上帝，這個地方就會變得更像樣。*但你若有這種觀點，你就會一直去想，如果你之前做了不一樣的事，其他人是否就會做出不同的選擇？不，有的人就是喜歡幹那些壞事。你是否願意主張、認同並承認，有些人就是喜歡使壞？

當你評判你自己，你在覺察中嗎？

當你因為他人做了什麼或不做什麼責備自己時，你在評判誰？你自己。如果你評判自己，你是在覺察中嗎？你能看清他人選擇惡意，是因為他們喜歡這樣做嗎？不，你會假設是你努力得不夠，如果你能做得更好，他們就不會那麼不厚道了。

如果有人偷了你的錢，那是因為你讓他們偷嗎？是因為你不夠小心，你沒有好好提防嗎？還是因為他們就是喜歡偷？偷竊成性的人就是喜歡偷東西。如果你認清你不用為他人的選擇負責，你就能夠在他們動手之前看穿他們的意圖。

你只須說，*好吧，他們選擇這麼做。真是有趣的觀點。*然後他們幹出壞事後，你可以說，*你知道嗎？夠了，我再也不想和你玩下去了，你現在就走，不然就換我走。*

不要試圖大事化小，小事化無。不要試著去維繫一段友誼或生意關係，認為如果你能把事情搞對、把某事做得更好，或者改變你自己，別人就會想通，突然明白你在說什麼。這種事是不會發生的。

如果在交易中被騙了，該怎麼辦？

如果你在交易或關係中被騙了，該怎麼辦？是緊追著別人要回一點什麼來容易，還是創造全新的東西更容易？與其糾結過去曾發生或未發生的事，還不如把注意力放在創造一個比現在創造更多的未來。

有些人剽竊了Access的片鱗半爪，用從我這裡學到的東西當基礎，創造自己的課程。那是他們的嗎？半點都不是。他們用的全是從我這裡偷走的東西。他們修改了一些東西，取一些稍為不同的名字，把我的教材當作他們自己的東西來用。我可以控告他們，因為我的教材是有版權的，但我寧可花一小時幫助願意變得更有意識的人，也不想費勁阻止那些永遠不會變得有意識的人。此外，我知道他們偷走的東西對他們反正不會有用。

那些不道德的人最終會自食惡果嗎？

那些不道德的人最終會自食惡果嗎？不會。他們不相信業力。他們不會自食惡果。他們會一直欺騙他人，能搞多久就多久。等他們死了之後，他們還會再回來幹同樣的事，因為他們就是喜歡來這一套。你是否願意主張、認同並承認，有些人就是喜歡當個壞心眼又惡劣的人？那是他們的本領之一，是他們的活力來源。一個人要是擅長做某些事，他們就會一直做。

如果你願意看清某些人就是邪惡小人或響尾蛇，你就不會被算計。絕對不可能。但因為你很善良，願意關懷他人，有愛心，擁有許多你真正所是的品質，你往往不去看清他人的真面目，反而評判自己，認為自己錯了。但事實是，你沒有不道德，並不殘忍，也不是個惡劣的人。不幸的是，那意味著你很隨和，喜歡樂趣，容易被人利用，每個人都覺得你很好騙。但只有當你不願意認清惡劣殘酷之人時，你才會容易上當。

如果你能感知他人的意圖，他們還能算計你嗎？

只要你有覺察，就不會被佔便宜，因為你能夠說出：不，我不幹。你可以選擇。只要你有覺察，你就不會期待別人做出跟他們行徑不符的事。

我們若期待別人會跟我們一樣行動，就會變成好騙的冤大頭。人們會照自己的意願行事，而你必須願意看清真相。如果你不願意接收這些訊息，就會被算計。

你必須不帶評判地接收所有訊息。看清發生了什麼事。這不是要你「哇，我得更有防備。」而是，「哇，我得要覺察。」如果你有覺察，沒有人可以佔你便宜；但如果你只是有防備心，誰都可以利用你。

有一次戴恩想買一輛BMW車，有家車行登廣告說有一輛正在出售，我們到了那裡。我們那天早上事先打電話問過，他們說車子還在。但到那裡時，業務員卻說：「哦，車子已經賣出去了。沒關係，我們還有這些保時捷BOXSTER。很多人來看BMW，我在十來個人身上得手過，讓他們開著保時捷回去了。」

他說：「我在其他人身上得手過。」

我們看清發生什麼事了。「謝謝，拜拜。」

我們轉身就離開了。

該怎麼應付邪惡小人和響尾蛇？

該怎麼應付邪惡小人和響尾蛇之類的難纏鬼呢？不要抱持期待，不要執著結果。

當你在生活中請求某事時，不管你請求什麼，都不能執著結果。你明白我們這麼說是什麼意思嗎？如果我想要一百萬元，而且認為這一百萬元應該從你那裡來，我就是在執著結果。我追著問：*你會給我一百萬元嗎？把我的一百萬元給我！*這就是對結果執著。

我必須得到一百萬元，換句話說我得去做這個、這個、還有那個。我想要一百萬元，所以我必須拿到三百萬元的建築工程，我得對這個人低三下四，對那個人委曲求全，還得讓銀行一有機會就敲詐我一筆，最後我就能拿到這一百萬元。

但如果你不執著結果，你可以問：*有哪些無限的可能性，讓我在未來兩年、一年或半年裡，可以有一百萬元進入我的生活？*你允許訊息流向你，讓你能夠接收。

要和難纏的人打交道，最簡單的辦法就是允許。如果你認出一條響尾蛇，你會和他一起上床嗎？如果你認出響尾蛇或邪惡小人，你可以說，他以為他可以得逞，那真是個有趣的觀點。如果你保持平穩、冷靜與鎮定，如果你和你的感知共同臨在，你會知道別人想算計你。你在整個對話過程中會有覺察，不會讓他們得逞。

當你說，*喔，他真是個好人，*你就完蛋了。當你說，*我要照樣回敬他，*那你就得和他對抗。當你和他人起衝突，能量就會被鎖住。別讓能量卡住，讓它流動。要辦到這一點，你必須允許。你是河流中的石頭，河水從你身邊流過。不管那個難纏的傢伙做什麼，都只是個有趣的觀點。當一切都只是有趣的觀點，你就是河流中的石頭，而河水，或者說能量，就會持續流動。

吸到他們站不住腳

我剛開始教課時常常說，*如果人們向你推能量，你就得從他們那裡狠狠地拉能量，直到他們放棄。*

有一天我想：「我討厭推銷員，尤其是晚餐時間打電話來那一些。要是拉他們的能量會怎樣？」每到晚上六點，我的電話就會開始響，而且一定是想向我推銷東西的推銷員打來的。我決定改變這一切。有一天晚上電話響起，我想：*這一定是個推銷員，我知道他就是。*

我拿起電話說：「哈囉。」那果然是個推銷員。他開始滔滔不絕地講話，而我則開始拉他的能量。

我說：「聽起來很酷。正是我一直在找的。你可以給我寄兩組嗎？」

他說，「好的。我可以記下你的信用卡號嗎？」

我說，「當然，沒問題。」在此同時，我狂拉他的能量。

他記下信用卡號，然後問：「先生，你確定你真的想買這個？」

我說，「當然。我一直都在找這個。」

我能感覺到他在想：「這不太對勁，怪怪的，哪裡有問題。」

他掛斷了。不到五分鐘後，我又接到一通電話。「道格拉斯先生嗎？我是某某人的主管。」我狂吸能量，將能量經由我身體的每個毛孔和存在拉進來。「你訂購了這個商品嗎？」

我回答，「是的。我很高興買到它。」

他說：「非常謝謝你，道格拉斯先生。」

賣東西的人需要屏障

後來我沒有收到貨，也沒有收到帳單。為什麼？因為賣東西的人需要屏障。他們知道你有屏障，只要他們能摧毀屏障，東西就能賣出去。但你若不對他們豎起屏障，而且還拉他們的能量，他們就會覺得有什麼地方不對，也許是你瘋了，也許你是個騙子，也許你盜刷別人的信用卡。如果你不豎起屏障，不抗拒也不反應，一定有什麼事情很不對勁。

從我家窗戶可以看到正走向我家前門的推銷員。我只要看到他們，就開始從他們那裡吸能量，因為我知道，他們要來摧毀我的屏障了。門前的走道是平坦的水泥路，但因為我拉他們的能量，他們還沒走到門前就差點要跌倒了。

當我打開門時，我說：「嗨，你好嗎？」然後拉他們能量。

他們會說：「你好，我是賣這個的，不過這玩意沒什麼用，你不會想買的。」

我繼續拉能量，然後他們說：「別管我，再見。」

他們不曉得自己為什麼要對我說這些話。

汽車銷售員會說：「這台卡車非常棒，還很好開。」然後當你拉他的能量，他會說：「變速箱馬上就要不行了，這車其實不值這價錢。天啊，我說了什麼！」他們總是會這樣。當他們向你推能量時，你只須狂吸他們的能量就好。

如果某人向你推能量，而你從他們那裡拉走大量能量，他們會告訴你為什麼不該買他們的產品。這招對來敲門的傳教人士也有用。如果你允許他們進門，然後從他們那裡狂拉能量，他們會自行離開。

傳教人士會上門來，我知道他們是誰，打開門，狂拉能量。我會說：「嗨，你們好！」

他們會說：「我們代表上帝來到你家」或之類的話。

我會說：「很好，我很樂意聽你們說什麼。你們不介意我為你們來場通靈吧？」

他們會用光速逃離，把我家列進最好遠離的名單中。從來沒有人第二次找上門。

要怎麼拉能量？

要怎樣才能拉能量呢？你只須請求，就能把能量拉過來。最近有人告訴我這招用在警察身上的效果。她因為超速被攔到路邊，於是她開始吸能量。警察沒有給她開罰單，只說：「下次別再犯了。」這招可以用在任何地方。只要你從某人那裡拉能量，他們就無法做出攻擊性的行為。攻擊會在你拉能量時停止。

練習這招的方法之一是走進人群聚集的地方，例如咖啡館。站在門邊，從在場的每個人那裡拉動能量，直到他們都轉過頭來看你。

你只須請求就能拉能量。*好，現在我要從在場的每個人那裡拉動能量，直到大家都轉過頭來看我。*

人們會轉頭看你，然後你就可以說：*太棒了！*就這樣而已。你無須努力，無須使勁。就是這麼簡單。

該怎麼討回別人欠你的錢？

有時人們會問我：「該怎麼討回別人欠我的錢呢？」如果有人欠你錢，你要做的就是從他們那裡拉能量。用你身體的每個毛孔和存在拉入能量，直到感覺你的心打開。當這發生時，你和他們已經建立連結了。接著將一小股能量流回給他們。持續每一天、一天二十四小時這樣做。除非還你錢，否則他們會無法將你從腦海中趕出去。

做這件事時不要執著結果。去決定你要維持跟他們的能量連結，還要持續讓能量流向你，直到欠你的錢跟著能量流一起到來。

這是什麼道理？

當別人欠你錢時，他們豎起了一道屏障。如果你從他們那裡拉能量，再將一小股能量回流給他們，他們會不由自主地一直想到你。他們越是想到你，就越覺得內疚。他們越覺得內疚，就越可能把錢還給你。這招真的有效！

你想從已經去世的人那裡收回錢嗎？一樣用這個方法。他會以另外一個身體找到你，給你錢。你會覺得奇怪，*這個人為什麼要給我這筆錢？*他離開這世上，找到新的身體，又回來了。你是無限的存有，對吧？難道你以為這種事過一輩子就不算數了嗎？

你有過這樣的經驗嗎？某人出現，在你身上花一大筆錢，或從你這裡買東西，或給了你一份工作，一筆鉅款，而你卻說不出他們為何要這樣做。他們跟你非親非故，卻現身給了你一大筆不是你賺來的錢，留下錢後又從你的生活中消失。如果發生這種事，那是因為那個人在某一世欠你錢。

第五章

給予和接收

學習接收是你最棒的選擇

我們曾經和很多人共同面對他們的金錢問題。這些人當中，有人口袋裡只有十美元，有人有一千萬美元。有趣的是他們都有同樣的問題—這個問題與金錢完全無關，跟他們願意接收什麼有關。

學習接收是你能做的最棒的事。在金錢、性、關係，還有生命中任何事物上的限制，都和你不願意接收的事物有關。你不願意接收的事物限制了你能擁有哪些東西。

評判限制了你接收的能力

只要你對任何事情有了評判，無論正面或負面，程度輕微或嚴重，你都削弱了自己的能力，讓接收無法超出那個評判。你做的每個評判都讓你無法接收與評判不相符的事物。就算是正面的評判，例如「這個人真是完美」，也讓你無法看見他們不完美的地方。如果你認定自己娶了個完美的女人，你能看見她不完美的時刻嗎？當她給你戴綠帽子時，你能看清真相嗎？答案是否定的。你無法接收那個人的完整真相。

我們無法接收的事物都跟評判有關。你必須活在評判中嗎？並非如此。事實上，你必須活在沒有評判之中。如果你活在沒有評判之中，你就可以完整接收這個世界。你可以擁有任何你一直想要的事物。當你沒有評判，沒有什麼東西是你無法接收的。

　　我遇過一個男人，他在城裡的同性戀區開服飾店。那時他的生意不太順利，他請我幫他看看問題出在哪裡。我們探索了各個層面，一切似乎都很不錯。我心裡想，是什麼障礙了他的成功？

　　我問他：「跟我說說你對客人的看法。」

　　他說：「噢，他們都挺好的，除了那些傢伙以外。」

　　我問他：「那些傢伙？你在說哪些人？」

　　他說：「噢，你知道的，那些進店裡來的娘娘腔。我很討厭他們上門來挑逗我。」

　　我問：「你的店是在城裡的同性戀區，對嗎？」

　　他說：「是的。」

　　我說：「你知道嗎？你犯了一個錯，因為你不願意接收客人的能量。如果你不願意接收他們的能量，他們不會給你錢。」

　　他問：「什麼意思？」

　　我說：「如果你想賺他們的錢，你就必須願意接收他們的能量。你必須學著跟他們打情罵俏。」

　　他說：「我辦不到！我才不想跟男人上床！」

　　我說：「我沒說你得和他們上床。我是說你得和他們調情一下。你會和女人調情，對吧？」

　　他說：「嗯，當我老婆不在旁邊的時候。」

　　我說：「就像那樣和男人調情。這不是說你得和他做愛，而是如果你願意接收他給你的能量，你就可以賺到他的錢。」

於是他學會享受他的客戶，跟他們調情。他學會了跟他們開心相處，開始賺很多錢。之前他對接收客戶的能量有評判，這限制了他能接收到的金錢。你也一樣。你不願意接收的能量會限制你能從什麼地方創造金錢。

有什麼是你絕對不願意接收的？

我們要問你一個問題。我們希望你將腦海中第一個冒出來的答案寫下－或者大聲說出來，尤其是這個答案對你來說毫無意義的時候。這個問題的目的是要解鎖那些你不願意接收的事物。只要是我們不願意接收的事物，都會限制我們在生命中的創造。這會限制我們可以擁有的事物。

我們的問題是：有什麼是你絕對不願意接收的，而如果你願意接收，就可以作為全然的豐盛顯現？

我們向一群人提出了這個問題，下面是其中一些回答。有沒有哪些答案跟你一樣？

人們不喜歡我　　評判　　健康
愛　　　　　　　性　　　自己
親密

有什麼是你絕對不願意接收的，而如果你願意接收，就可以作為全然的豐盛顯現？你的清單上有哪些東西？你的回答跟底下的項目相似嗎？

責任　　　　　　我自己的偉大
成功　　　　　　我必須做牛做馬才能得到的東西
當個怪異不群的人　享受生活中的享樂

有什麼是你絕對不願意接收的，而如果你願意接收，就可以作為全然的豐盛顯現？這次你想到什麼？你的回答包括任何下列項目嗎？

輕鬆賺錢	*被太多事物壓倒*	*關心他人*
成為錯誤	*創造的能力*	*幫助*
被打臉	*成為喜悅*	*冒風險*

很有趣，對吧？你不願意接收的事物會限制你在生命中能擁有的東西。因為你不願意接收它們，所以你無法擁有豐盛。基本上每個人的問題都差不多。你不願意接收來到你面前的東西，這限制了你能擁有多少金錢，也限制了你在各方面的擁有。是我們不願意接收的事物製造了問題。如果你願意接收一切，那會怎樣呢？

你已經決定了你不能接收哪些能量？你做出了什麼評判，讓你無法無限地接收？當你讀到這些問題時，也許你的腦海裡會浮現某些答案。你猜它們來自哪裡？是你非理性的頭腦。它創造了你所有限制。你的理性頭腦將這些瘋狂的限制合理化。它提供了決定和評判，好讓限制持續存在。

好消息是，從你非理性的頭腦蹦出來的回答不但指出了你的限制，也是讓你重獲自由的解答。你的理性頭腦能做到的只有將既有的非理性觀點合理化而已。

那麼，你在拒絕接收什麼能量？

我不和有夫之婦鬼混

多年前，在我三十幾歲時，我做訓練馬匹的工作。當時我正計劃去歐洲待六個月。我遇到一位住在蒙特西托的女士，那是聖芭芭拉的富人區。她有一些馬匹，希望我去訓練，所以我去了。她覺得我很有吸引力，老是找機會來挑逗我。但我的反應是評判：*我不和有夫之婦鬼混*。她的丈夫是律師，我不想卷入桃色糾紛。那可能會讓我惹上大麻煩。

所以我離開前往歐洲，在那裡待了六個月。我回來後她開始打電話找我，而我出於之前的評判，不斷將她拒之門外，不跟她有半點牽扯。

兩個月之後，我發現她嫁給了一個與我長得很相像的人，我們簡直就像兄弟般相似。我一直以為她有婚姻關係，但實際上當我在歐洲的時候，她已經和丈夫離婚了。沒有人告訴我這個消息。

她結婚六個月後因腦溢血過世了，給她的新丈夫留下六千七百萬美元。你說我的評判是不是對我的生活造成了影響？你是否也有哪些評判，給你的生活帶來了類似的不利影響？

超越控制與未經控制

我們往往用自創的限制來控制自己。我們給自己製造的限制包括我們接收什麼，不接收什麼，什麼是可能的，什麼是不可能的，事情該是怎麼樣，我們又希望它會怎樣。我們以為這樣就會讓我們獲得掌控。但是你該做的不是獲得掌控，而是超越控制。你必須到達願意完全超越控制的境界。

我說的超越控制不是喝到醉醺醺，也不是在高速公路上以時速八千英里狂飆。我說的不是在公眾場合脫到一絲不掛這種事。這些是未經控制。你要做的是超越控制。你生活中的一大問題就是你沒有超越控制。

我們往往花一堆時間處於評判中，想搞清楚如何控制自己，適應這個世界。當我們超越控制時，我們願意活在常識的框架與正常參考點之外。超越控制不是不受控制，不是喝得爛醉後亂搞，而是不讓其他人的觀點，其他人的實相、評判與決定成為我們人生的控制因素。超越控制是去掉那些東西，不再把你生命的一部份交給他人，讓他們比你更有力量。超越控制是不再被影響，而是成為源頭。

你得超越控制，因為你已經定義了你的生命。你已經將它定義成一個封閉的盒子。你已經創造出一具你稱為人生的棺材。你以為你還活著，但你活在棺材裡。如果你願意打破限制，你就可以開始從超越控制的狀態中創造。

一旦你願意超越控制,你就會願意從你創造的生活這具棺材中走出。你不再回顧過去的經驗,把過去當成未來的創造源頭。你會開始活在當下。你不再試圖從你受限的觀點來找答案,而是允許宇宙擁有力量,給你答案。

是有來有往,還是給予和接收?

這個世界基本上根據有來有往的原則來運作。這個原則的觀點是:我給你這個,你就得給我那個。我們每個人都深陷在這個交換模式當中。如果我為你口交,你也覺得你必須為我口交。這是一種交換。我做這個了,現在你得做那個。

在另一方面,在贈予中沒有個別交換發生。你給予而不期待回報,因此你同時也在不受限制地接收。贈予即接收,接收即贈予,兩者同時發生。在贈予和接收當中,有某些元素讓你能夠真正感到與萬物共融。舉例而言,當你走進戶外,大自然是否在贈予你?它是否期待任何回報?

大自然無時無刻都在贈予它一切所有,同時也從萬物接收。果樹長出果實,並完全贈予你。它們是否有任何保留?

當你有一片長滿美麗花朵的花圃時,花朵贈予你芬芳和美麗,並不要求任何回報。它們從你接收到的則是你給與它們的能量,以及你因它們的美麗而升起的感恩。

我們大多數人都活在有來有往的世界裡,而非贈予和接收。我們說:「我打算給你這個,但是我期待某些東西當回報。」我們送出一份禮物,心想我們會拿回別的什麼。有多少時候,你收到了什麼東西,而你知道送禮的人期待你做某事,回贈某物,為他們做某些貢獻或發揮某些功用?大多數時候都是這樣?沒錯。*如果我給你這個,你就得給我那個。*這就是有來有往。

當你活在有來有往的世界裡,你就消滅了贈予。這是一大錯誤,因為當你贈予某人,真正地給予他們,你同時也在豐盛

地接收，而那豐盛遠超出你所能想像。如果你真正不抱期待地贈予，你就能在所有方面豐盛接收。但在這星球上，大多數時候我們只在不得已的時候才給予。在運作的是有借有還實相的交易，而非豐盛。

如果你有慷慨的精神，可以給予而從不求回報，你的世界會是怎樣？那不是很美好嗎？你為何不允許那樣的世界進入你的生命中呢？也許是因為你認為人們不會接收你的給予，而的確，他們也沒接收到。

無法接收的人

無法接收贈予的人會將你的禮物退還給你，還附帶幾把刀。他們得讓你瞧瞧你的禮物多不討他們歡心，因為他們從一開始就無法接收。

有位女士跟我說起她的父親。她試圖告訴父親她有多麼在乎他，而他只回答：「好啦好啦，親愛的，知道了。」他無法接收。當你試圖給予某人，而他們無法接收你的話語或禮物時，他們總是否定它。為什麼？因為他們不相信接收是可被允許的。

過度給予的人

有些人給了又給，給了又給，認為其他人會因為他們給得這麼多而滿意。這是贈予嗎？不，因為他們期待回報。這樣做有用嗎？對方會因此對他們感到滿意嗎？並不會。通常對方會說：哦，我要更多這個，更多那個—其他還有什麼？那個我也要。

你也曾過度給予嗎？你是否給你的孩子們太多了？他們對你的贈予是否心存感激？以我的孩子為例，我似乎越是給與，他們就要得越多。就像我的朋友瑪麗說的，孩子們會吸乾你最

後一口氣，而且從來不說謝謝。他們期待你給他們全部時間，而且總是從你這裡索取。他們不認為禮物是需要被尊重的。他們不把你給的東西看成禮物，還認為不管你給什麼，都是他們應得的。

無論何時，只要你給予的對象認為那是*自己應得的*，或是就因為你有錢或有能力，所以你就*該給*，那感覺就不會清爽。你的給予或對方的接收都不會有真正的喜悅。如果你有個匱乏的朋友，你也許會為了幫助他而試著給予，然後你可能很快就會發現，自己一直在給，沒完沒了。以有來有往模式來運作就會發生這種事。當你在做這些付出的時候，你真的能認為自己不應該接收嗎？你真的有可能覺得自己必須一直付出，但永不接收嗎？

有的人給予是為了讓別人感到更渺小。我們認識一位女士，她總是送非常貴重的禮物給別人。她有個朋友曾經因此苦惱，對我說：「我無法回贈她任何禮物，因為她送給我的禮物太昂貴，我負擔不起那種金額。」我們針對這個問題談了一會，她意識到對她的朋友而言，贈送是一種將別人推開的方式，這樣當他們收到的越多，他們就越感到自己渺小。

有來有往和贈與接收發生在各種關係中。如果在一段關係中，你認為自己必須付出150%，通常你最後會碰上願意拿走150%的人。你不會找到和你同等付出的伴侶。但你若在關係中真正地贈予並接收，對方也會因此贈予你並同時接收。你贈予他們，你也在同時接收。

你是否活在有來有往，斤斤計較的世界裡？

無法擁有的人通常會發展出一種觀點：*這是我的，我知道我有多少，你最好別想從我這裡搶，去死吧*。他們活在有來有往，斤斤計較的世界裡。你是不是認識某些總是把帳算得一清二楚的人？他們會說：「帳單是37.5美金。如果我們平分，

一人要付18.75美金。OK，你欠我18.75美金。」「這是我的食物。不要動我的酪梨！」這種思維方式的後果就是他們無法獲得豐盛。你沒辦法活在斤斤計較的世界裡，同時還相信生命的豐盛。如果你換個完全不同的觀點，那會怎樣？*你想要嗎？拿去吧！*

如果你擺脫「我非拿到我那份不可」的想法，就能體驗到宇宙的豐盛。如果你有全然的豐盛，你還會在乎你的室友吃掉你認為屬於你的酪梨嗎？如果你是無限的存有，擁有無限的資源，無限的可能性，還有誰能剝削你？說真的，你怎麼可能給過頭？

宇宙是無盡的豐盛

我改變贈予/接收觀點的方法之一，就是練習給予而不期待回報。有一次我和朋友去一家餐廳。我點了一杯咖啡和甜甜圈，我朋友點了一杯茶。我們的女服務生大概45歲左右。她先給我朋友拿來一根湯匙，又走回去幫我拿另一根湯匙。然後她給我端來咖啡，再走回去端來茶，接著拿鮮奶油過來，最後才上甜甜圈。

我問她：「你今天很辛苦嗎？」

她紅了眼眶，說：「我以前從來沒有工作過。這是我第一份工作。我不知道該怎麼做，完全應付不來。」

我說：「別擔心，會越來越順利的。你會越來越熟練。」

她說：「謝謝你。你人真好。」

她給我們拿來帳單，共5.12美金。我給了她10.12美金。我們走出門時，她追出來說：「先生、先生，你的錢多給了！」

我說：「沒有多。那是小費，是要讓你知道你做得挺好的。」你可以看見她的宇宙中出現光芒。

還有一次，我走在紐約路上，正要去吃午餐。有個年輕人坐在街頭。他腿上有一大道沒癒合的傷口，面前擺著一個鐵罐，沒人往裡面放錢。吃完午餐回途中，我將一張二十美元鈔票塞進那個罐裡，沒有看他。他的反應是：「謝謝你，先生。天哪，上帝保佑你！上帝保佑你！謝謝！」我可以感受到他身上散發出能量，因為有人看見他，承認他，而且不計回報地給予他。他收到的不是兩角半或5分美元的銅板—不是那種「拿去吧，你這懶鬼」的小錢，而是夠他好好吃頓飯的錢。

如果你做這樣的事，你就打破了這世上沒有豐盛的觀點。你必須這樣做。你得讓這樣的事發生。

我離婚後搬離我的房子，我有一些原本打算出售的古董，但我沒賣掉它們，而是將它們送給我一個古董商朋友，那人比我有錢。我把所有古董都送給他，這讓他非常困惑。他無法理解我為什麼要饋贈他，因為他擁有的比我更多。他的觀念是你該給的是那些有的不如你多的人。這是你該超越的觀念。

當有很多錢的人和錢比他少的人一起出去，錢比較少的人通常會期待錢較多的人付帳。當我和富人出去吃晚飯，我總是堅持付帳。他們不知道該怎麼看待這事。我變得不再比他們更少。你也可以玩玩看。偶爾拿起帳單去付帳，看看會發生什麼事。

生命的目的是享受樂趣，而金錢的目的也許是為了打破人們的固有觀點。但你真正在做的，是從「宇宙是無盡的豐盛」這個觀點來生活。當你這樣運作時，生命中的一切都會變得更美好。

人類和類人族：你是哪一種？

從事Access工作時，最讓我們意外的發現之一就是我們覺察到地球上似乎有兩個物種：人類和類人族。

人類活在對其他人的評判中，他們認為生命就只能是現有的樣子，一切事物永遠不可能對勁，他們甚至懶得去思考其他可能性。

類人族會找方法讓事情變得更好。如果你有發明的本事，對事物有追求，總是在尋求更好、更拓展的方式來創造，你就是類人族，不是人類。類人族是創造改變的人種。他們創造出各種發明、音樂和詩歌。因為他們對現狀不夠滿意，所以創造出各式各樣的改變。

「只要你買台電視…」

對類人族而言，知道我們總是遭受評判，永遠無法融入週遭讓我們鬆了一大口氣。我們努力嘗試，卻沒辦法將自己套進人類的框架。我們大多數人都拼命想理解並適應人類關於金錢與其他各種事物的實相。別人告訴我們：「只要你去買台電視，買輛新車，找份固定工作，你就不會有什麼問題。」

指出人類與類人族的差異不是為了批判人類，而是為了覺察到我們類人族如何評判自己。

類人族評判自己

關於類人族該知道的重點之一，就是他們總是評判自己。類人族認為自己有哪裡不對勁，因為他們跟周圍的人都不一樣。他們會問自己：「我總是做不好，我到底有什麼問題？我為什麼就不能像某某人那樣？為什麼我就不能再委曲求全點？我是怎麼了？」他們對自己有一大堆評判。他們覺得疑惑，自己為什麼得不到其他人得到的，做不到其他人所做的事。

如果有人對類人族說謊，或做對不起他們的事，類人族會扭曲狀況，檢討自己哪裡做錯了。他們會覺得自己有錯，對方是對的。我有個類人族朋友，他和一個合夥人共事很久。有一

天他提起他的生意似乎老是不賺錢。

我說:「有什麼事不對勁。你最好去看看帳簿。我想你的合夥人在坑你。」

他說:「噢,他決不會騙我的。」

我問他:「你能查一下嗎?」

他決定更仔細看帳簿。他的合夥人發現這件事後大發脾氣,對他做了諸多指責。我朋友的反應是狠狠地批判自己,認為自己太不講義氣,居然懷疑合夥人。

一個月之後,我的朋友發現他的合夥人坑了他。

我那類人族朋友發現合夥人坑他時,他的反應是對自己嚴厲評判,而他那人類合夥人的反應是:「這全是你的錯。如果你不是這麼糟糕的合夥人,這些事都不會發生。」

這就是全部了

人類完全不知道自己是無限的存有,擁有無限的可能性。他們不相信輪迴,認為這輩子就是全部了。他們會說這樣的話:「人就是活著,死了餵蟲,如此而已。」

我曾和我心臟病發作過一次的繼父聊過,他是個徹頭徹尾的人類。我問:「爸,你心臟病發作時是什麼感覺?」沒有人問過他這個問題。

他說:「我記得我心臟病發作,然後我站在我的身體之外看著身體⋯⋯」他聲音變得含糊,然後又從頭開始:

「我的心臟病發作,然後我看見他們把電極片貼上我胸口⋯⋯」這次他說到一半又停下,隔了一會兒,他又從頭開始。

「好吧。」他終於說:「我心臟病發作,然後他們把電極片貼上我胸口,幫我做電擊。」

他無法接受他站在身體外看著一切發生這個事實。這是個很典型的例子，人們在無法接受與評判不符的實相時，就會發生這種事。我繼父的實相是你就在身體裡面，這就是全部。人類永遠無法接受任何不符這個觀點的事。這就是全部了。人類不相信其他可能性。他們不相信奇蹟或魔法。創造一切的是醫生、律師和印第安族長。人類什麼也創造不了。

　　地球人口中47%是類人族，他們是改變地球實相一切事物的創造者。52%是人類。（那剩下的1%呢？總有一天我們會告訴你！）人類執著事物的現狀，從不希望任何事改變。你是否到過三十年都沒換過家具的人家裡？那就是人類。

　　人類會一直住在同一個社區，直到它日益衰落。但即使如此他們也不會搬走，而是安裝鐵窗，阻擋壞人上門。當你想看清誰正從鐵窗裡往外看時，不好意思，在他們眼裡，你已經變成壞人了！人類是那種會把植物和樹木全砍光，只為了翻修一棟房子的包商。他們會為了創造而殺死一切。「這種事本來就是這樣。」他們會這樣說：「我們會殺光一切，那沒什麼大不了的。」

　　人類總是評判別人，因為他們生命中的一切都跟評判、認定、力量和努力有關。那是他們唯一能從中創造的出發點。想想看你認識的人當中有誰是人類。去感受他或她的意識。現在，再感受一下一塊石頭的意識。哪個更輕一點？是石頭嗎？沒錯。石頭都比他們更有意識。那我們為什麼要和人類混在一起？我們都有人類朋友或家人，但他們總是評判我們，批評我們做的每件事都不對。而我們身為類人族，總是傾向批判自己，這更是放大了人類對我們的評判。

承認你是類人族

　　如果你不去認領你作為類人族的所有能力，那會怎樣？如果你不了解、不承認你是類人族，你就會試圖從人類的觀點來

創造。你會相信自己的可能性有限，而且照這樣去創造人生。人類會說：「把步驟告訴我。」然後勤奮地按步就班完成，但身為類人族的你有能力從A跳到Z，只需一眨眼就能完成。你可以瞬間擁有任何你想要的事物，但是我們大多數人都不去主張自己有這樣的可能性。我們總是試圖將自己塞進人類的框架。

這是個錯誤，因為人類總是安於現狀，不希望事物改變，但類人族則追求擴展、豐盛及創造。如果你對擴展有興趣，想獲得豐盛、舒適又有創造力的人生，就別再試著將自己硬塞進人類的模子。承認自己是類人族，並主張你有能力加入富人和名人的行列。

類人族、工作與金錢

類人族不為錢工作

人類和類人族有個非常有趣的差別，那就是類人族不為錢工作。當類人族創造某物，或者提供某項服務，而且真的有人接收，他們就會感到圓滿。對類人族來說，交換已經完成。他們會說：「哇，太棒了！」然後就滿意了。他們的贈予已經被接收，交換已經結束。在能量上他們這樣就滿足了。

金錢和類人族的創造力或幹勁毫不相干。金錢只是附加產品，是不重要的東西，就跟大便一樣。大多數類人族寧可不去管錢，不將注意力放在金錢上，因為那跟他們的創造力沒有關係。對他們來說，工作或是創造本身才是有趣的部分。在他們創造某些事物之後，他們會環顧週遭，問：「我還可以創造什麼？」創造帶動他們的能量。在類人族的世界裡，一切能量都流向創造。

如果你是類人族（我們認為你是），覺察到這點是很重要的。因為除非你願意接收作品或服務帶來的副產品，否則你收不到錢。事實上，你會將錢推開。你會阻擋金錢流入。你會拒

絕收錢，即使那是你應得的。你不會開口要錢。

在收錢的時候，類人族會像這樣：*呃…你是現在想付，還是再等等？* 對他們而言，為工作收錢很困難，因為說真的，他們想要的就只有贈予被接收而已。

相較之下，人類就很明確：他們為錢工作。人類包商或開發商會到一個地方去，摧毀那片土地上所有樹木與生物，用混凝土蓋出新玩意，只因為他要從中賺錢。他們可以為了錢做出這種事。

這讓類人族感到困惑，因為他們無法為錢工作，但他們從小到大被灌輸的觀點就是：只有錢才是工作的理由，拿不到錢的事就不值得做。我們試圖適應人類的金錢實相，這讓我們吃足了苦頭。我們必須了解，身為類人族的我們有不同的觀點，我們也必須願意接收伴隨我們努力而來的副產品。我們必須能夠去請求，而且接收金錢。

第六章

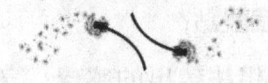

慶祝你的豐盛

你是否在分享宇宙的匱乏而非豐盛?

有些人覺得他們在人生中接收的超過自己所應得。他們活在對自己的評判中,因為他們比別人擁有更多。他們被教導自己應該與別人分享他們的一切,沒有人應該比別人擁有更多。在他們的家庭裡,除了爸爸那份外,蛋糕被切成一樣大小。爸爸那塊通常比較大,因為他是賺錢養家的人。

你是不是也可能買入了類似的故事?你是否生活在人人該拿一樣多的實相裡?你是否在分享宇宙的匱乏而非豐盛?讓我問你:分享宇宙的豐盛而非匱乏有什麼不對?你難道不想放棄將匱乏當成自己的真實嗎?你難道不是寧可分享宇宙無盡的豐盛嗎?

你是個全然豐盛的人

你是否曾經有哪幾世非常富有?答案是肯定的。你是否一直在困惑,我這一世的錢到哪去了?該死,它不是早該出現了嗎?

你是否曾經有哪幾世家徒四壁？當然有。你有多少世只有夠你餬口的金錢？你現在是否仍然只能勉強過活？你是否願意放下只夠勉強過活這個觀點？

去感受下面這個想法帶出的感覺：*天啊，我只能勉強過活*。把這個感覺放大，讓它變得比宇宙還大。它有什麼變化？是變得更具體，還是變稀薄了？它變稀薄了，這意味著那是個謊言。身為無限的存有，你不可能只能勉強度日。你是全然的豐盛。

宇宙是個豐盛到令人難以置信的地方，即使在地球上也是如此。如果出現了貧瘠的土地，唯一的原因就是人類愚蠢到將那裡的一切都拿走。大自然會將每一寸土地填滿。當你走進沙漠，它是空蕩蕩的嗎？不。即使在沙漠中，生命依然無所不在。那裡有各種各樣的植物、昆蟲和小動物。每寸土地都覆蓋著某些東西。

你怎麼有辦法活得不豐盛呢？因為你買入了匱乏這個觀點。你接受了豐盛不存在的觀念，因為你想不出豐盛會從哪裡來。你沒有看見，你週遭其實充滿豐盛。

我們往往想，*將來我會有錢*，或是*過去我曾經有錢*，但是我們沒有看清，我們現在就是全然的豐盛。

你是否願意擁抱金錢可以在此時此地出現的想法？

現在閉上眼睛，想像金錢向你湧來。它是從後面，還是從前面來？是從右邊，還是從左邊來？是從上面，還是從下面來？如果你看見錢從你前面來，那麼你認為你未來會獲得它。但是未來什麼時候到來？永遠不會。你總是往前方尋找你的金錢。你就像眼前掛著胡蘿蔔的驢子。你總是在追逐未來的事件。

如果你看見錢從你的右邊來，那麼你認為你必須努力工作才能得到它。如果它從左邊來，你認為它會來自援助。某人會

給你一筆援助來讓你變得有錢。

你是否看見錢從你後面來？那意味著你曾經有錢，但是你未來不會再有錢了。

如果你看見錢從上方來，那意味著你認為上帝會給你錢，因為沒有其他人願意給。

你看見錢從地面來嗎？那麼你最好當個農夫，因為你認為錢會從那裡來。它會在你腳下生長。或者你也可以去當個蛋白石(Opal)的採礦者，從而找到錢。

如果你讓金錢從四面八方朝你湧來，那會是什麼感覺？

如果你讓金錢隨時都從四面八方朝你湧來，那會是什麼感覺？現在就去感受那種感覺。然後讓它變成無限大，比宇宙還大。這感覺是變得更具體，還是更稀薄了呢？維持這個感覺，然後你明天就會有錢了。

這樣觀想的用意是讓你認清你覺得錢會從哪裡來。如果你認為金錢會來自未來，你就不認為金錢會在此時此地到來。如果你一直想著明天、明天、明天，那今天的帳單什麼時候付？明天或昨天，或者完全沒付。這會讓你陷入老是被事物追著跑的循環，無法與你此刻能擁有的事物共同臨在。

如果你真正有意識，如果你與萬物共融，如果你成為你真正所是的類人族，如果你不帶評判地在時間、空間、各種維度和實相中從容運作，金錢可以僅僅是你生活中的一部分，而非終極目標。

猜猜有錢是怎麼回事

大部份人將錢當成目標或者需求。他們會說：*要是我有___就好了；要是我有____；或者等我有錢就能_____。* 這些全都不是真實的。我們只不過拿它們當藉口，不去真正允許自己擁

有生命中可能的一切。當你這樣做時，你就將金錢變得無比重要，而非將它看得像是你園裡的一朵花。如果你花時間培育金錢，滋養它、餵養它、為它施肥澆水，就像對待你的花朵一樣，你覺得它會不會在你的生命中成長呢？我不是要你真的把錢種進土裡，但是我知道如果你這樣看待金錢，絕對會變得順利。你是不是必須有接收金錢的能力？當然。你必須敞開才能接收。猜猜有錢是怎麼回事？就是有接收的能力。

人不是該自立自強嗎？

有時人們會問我：一個人不是該自立自強嗎？我會反問他們：*你為什麼想要自立自強？你難道不認為能夠接收一切比較好嗎？*當你願意接收時，一切都是可能的。

我們大部份人都曾經做過類似決定：*我得靠我自己*，這意味著我們得單打獨鬥。當你認為，*我要自立自強，我是孤單一人，我要靠我自己*，你認為你得靠自己來成功，那你會願意接受多少幫助呢？答案是零。你又會獲得多少幫助呢？一樣是零。你忙著證明你得靠自己，你不肯讓別人幫你創造金錢。你在做的是：*我會證明我不需要別人。我不在乎你說什麼。我不需要你。走開。*

當然，真相是金錢喜歡為你服務。它認為它的工作就是當你的奴僕。你不知道這件事，對吧？金錢認為它應該要提供服務。一個人若是提供服務，就是你的奴隸或僕人。你是否願意不再服侍錢，而是從現在開始讓錢為你服務？

如果你每天都慶祝你的生命，那會怎樣？

如果你不去慶祝你的生命，如果你不將你的生命變成一場慶典，如果你將生命創造成只跟責任、工作、創傷、戲劇、煩惱、勾心鬥角有關，那你的生命中會出現什麼？更多

這些東西。但你若開始將生命創造成一場慶典，不同的可能性就會出現。

我和前妻離婚時，我從我們的房子裡搬出來，帶走的東西很少。我從五套上好的杯盤組中帶走一套，從五套純銀餐具中拿走一套，還帶走一把平底鍋，一根鍋鏟，一根湯匙，和一套我父親用過的餐刀組。我還拿了一套我前妻看不上眼的舊盤子，裡面每個盤子都有缺口，外加幾個沒人要的舊玻璃杯和醜到嚇人的馬克杯。這就是我全部的餐具。我帶著它們搬入我的新居。

我將上好的杯盤組收藏起來，等哪天慶祝或請客吃飯的時候用。我自以為我會在我的小圓桌上招待十六個人，不是嗎？然後我將我帶來那些又醜又舊的東西放進廚房櫃子裡。

然後有一天，我看著那些東西，說：「等等。我將好東西收起來準備將來慶祝的時候用，自己卻過得像個乞丐。我到底在過誰的人生？我的嗎？我要我的生命成為一場慶典」

我拿出所有好餐具，說：「如果我吃早餐時打破麥片碗，得花38美元才能再買一個。但誰管它呢？我要是摔破盤子，重買一個要花16美元。那又怎麼樣？我要用這些喬治亞時代的純銀餐具。我的一根湯匙要價360美元。我值得用它。」

我出門去買了水晶玻璃杯來使用。再也不用那些砸上地板也不會破，又厚又舊的玻璃杯。我要那種不小心撞倒時，應聲就碎掉的杯子！

生命得是一場慶典。如果你不是在慶祝你的生命，你就沒有在活。生命應該每天都是高潮般的體驗。你不該將它活成必須忍耐，必須去做，被剩下來沒得選的樣子。你想將你的生命活成像是一包剩菜，還是將自己創造成一場慶典？

我冰箱裡有香檳—不是那種廉價垃圾—而是高檔貨，隨時至少有五瓶。有時我拿香檳和派當晚餐，就因為我可以。

如果你把生命活成一場慶典，如果你在生命中尋找歡樂而非消沉，你將創造完全不同的實相。這難道不是你真正想要的嗎？

今天應該是你生命中最棒的一天

我去參加我姐夫四十歲慶生會，男人們全都在客廳談論他們人生中最棒的時光是十八歲的高中時代。那時他們有很酷的車，還是運動健將。女人們都在廚房聊她們人生中最棒的時光是孩子出生時。輪到我時，他們問我：「你人生中最棒的時光是什麼時候？」

我回答說：「今天，如果不是的話，我就該他媽的一槍打爆自己的頭。」我這話對他們來說並不是很中聽。今天應該是你生命中最棒的一天。如果今天不是你生命中最棒的一天，你他媽的幹嘛要活著？

就在今天，我的生命將是一場慶典

每天都要提醒自己，要將生命變成一場慶典。去尋找生活的喜悅。每天早晨都說：*就在今天，我的生命將是一場慶典*，然後期待將會出現的全新可能。

要求你最棒的生命

「祈求，你就將得到。」這是聖經中的真理之一。

所以你打算請求什麼？最棒的你？如果你要求最棒的你出現，那麼各種其他事物都會隨之而來。要求你最棒的生命。要求生命中的喜悅和歡慶。別只是要求金錢，因為金錢與你最棒的生命無關，你才是。

如果你要求你最棒的生命，如果你要求你所是的偉大，如

果你要求生命成為一場慶典，你就會擁有無限的可能性。如果你只要求金錢，什麼都不會出現，因為金錢不是那股能量。金錢只是你用來達成目標的工具。去要求最棒的你。

如果你有勇氣要求，你就能接收。

到了最後的最後，你真正擁有的是什麼？

最近有幾位墨西哥灣颶風的倖存者上電視受訪。採訪者問一個房子全毀的男人：「你對颶風有什麼感想？」男人說：「先前搬到墨西哥灣區時，我帶著全部家當，所有家人的照片，還有一切我認為有價值的東西，但現在我只擁有一塊木板。我擁有的一切都被颶風毀滅了。但你知道嗎？我還有我自己。」

同樣的事發生在加州一場大地震之後。採訪者在電視上問一個人：「你對地震有什麼感想？」那個男人說：「當時我和妻子在公寓三樓的臥室裡，我睡得很沉，沒穿衣服。突然間天搖地動，我一下子就落到地板。我不知道東西都到哪去了，但我身旁有一條短褲，所以就穿上它。我妻子在身邊找到睡袍。其他我們唯一找到的是一張結婚時我太太的相片。我們不知道衣服到哪去了，也找不到其他東西。但你知道嗎？我們還擁有彼此。」

到了最後的最後，你真正擁有的是什麼？

是你。

你是你生命的起點。你是創造你的金錢、你的財富、你的力量和一切其他事物的開端。無論發生什麼災難，無論你失去什麼，你總是還有你。你是你生命中所發生一切事物的起點。

改變金錢如何流入你生命的方法

- 將你收入的10%存起來。向你自己這座教堂繳納十一稅。

- 在你的錢包裡放很多錢—但不要花掉。

- 連續問自己「感知、知曉、成為和接收」的問題數日或數週，直到你開始看見變化。這是個很棒的工具，可以讓你覺察到有什麼在限制你。*讓我感知、知曉、成為和接收我所抗拒、不敢、認為絕對不能，以及認為必須去感知、知曉、成為和接收的一切，讓我可以對＿＿擁有完全的清晰和輕鬆。*或者採用簡化版：*我必須感知、知曉、成為和接收什麼，才能讓我＿＿？*

- 不要評判你自己。要了解你是類人族。跟世界上其他人比起來，你已經佔了大大的便宜。接受這件事！你的生活是否反映了這一點？你有很多錢了嗎？你會有的。

- 當你開始評判自己的時候，問，*這是我的嗎？* 98%的思考、感覺和情緒都不屬於你自己。你的心電感應比你自己認為的更敏銳。當你開始問你自己，*這是屬於我的嗎？* 你會很明白，自己其實沒有什麼念頭。基本上你的頭腦是空的。

- 活在十秒遞增裡。如果你沒有活在十秒遞增裡，你就不是活在選擇中。如果你持續在十秒遞增中創造，你就不可能犯錯，因為你也許在上個十秒犯了愚蠢瘋狂的錯誤，但十秒後你就可以改變它。

- 運用能量流。如果你想試著和某人連結，或希望他們還錢，就將能量從他們那裡拉過來，穿過你身體每個毛孔和你的存在，然後讓一股能量細流回到他們那裡，這會讓他們無法將你從腦海裡驅除。他們會不得安寧。除非還你錢，否則他們會受不了。

- 開始留意你正在創造的事物。它讓你快樂嗎？如果事物總是以某種方式出現，其中一定有些什麼是你喜歡的。如果生命總是以沒有錢、沒有朋友，或者沒有這個那個的狀態出現，那是因為在這當中有些什麼讓你樂意創造。一旦你承認，*好吧，我*

一定是喜歡這樣，我不知道為什麼，但OK，我就是喜歡它。事情就會開始變化。

- 活在提問中。提問賦予你力量；答案剝奪你力量。如果你在生命中獲得的不是你所想要，留意你真正在要的是什麼，得到的又是什麼。要怎樣才能改變呢？問一個不一樣的問題。當你提問，宇宙會竭盡所能地給你答案。別說：*天啊，我的人生糟糕透頂*。去問：*有什麼無限的可能性，可以讓不一樣的事物出現在我的生命裡？*

- 當金錢出現在你的生命中，去問：*怎樣可以比這更好呢？*當帳單在你的生命中出現，去問：怎樣可以比這更好呢？（也許你會發現帳單寄錯人了。）無論是好或壞，不斷地問，*怎樣可以比這更好？*宇宙會盡其所能讓它變得更好。

- 說：*生命中的一切都來得輕鬆、喜悅並充滿榮耀*。這是Access的魔法句：生命中的一切都來得輕鬆、喜悅並充滿榮耀。這不是正向喊話，因為它不僅包含正面事物，還包括所有好的、壞的和醜陋的一切，而我們以輕鬆、喜悅和榮耀來面對它們。沒有什麼必須是痛苦、受罪和血淋淋的，雖然後者是大部分人的生存方式。你可以不必效法大多數人，轉而選擇樂趣。如果生命的目的就是享受樂趣，那會怎樣？生命中的一切都來得輕鬆、喜悅並充滿榮耀。每天早晚各說這句話十次，它會改變你的生活。把它貼在浴室鏡上，告訴你的伴侶這是因為你想記住它。那也會改變他／她的生活，只因為他／她總是得看見這句話。

- 為你自己下個決定，無論要付出什麼代價，你都不再買入過去的觀念。你將不再繼續過被貶低的生活。

- 將你每天的生活創造成一場慶典。每天早晨說，*就在今天，我的生命將是一場慶典*，然後期待將會出現的全新可能性。

致讀者

　　本書的訊息只是讓你淺嚐Access所能提供的事物。Access的程序與課程是個寬廣的世界。如果你的生活中有哪些方面不盡如意，而你知道它們應該要很順遂時，你可能會有興趣參加Access課程，或找到一位Access導師。導師可以和你一起探索，協助你對自己無法克服的問題獲得更多清晰。Access的程序是由受過訓練的導師運行，是根據你自己和導師的能量來運作。

更多資訊請見
www.AccessConsciousness.com

專用語彙

Bars

Bars是一套Access的手觸程序。施作者會輕觸頭部對應生命中不同能量的點位，包括喜悅、悲傷、身體、性、覺察、仁慈、感恩、和平與平靜，甚至還有金錢點位。我們將這些點位稱為Bars（意為條棒），因為點位其實是條狀區域的兩端，從一側穿過頭部到另一側。

成為 Be

在本書中，「成為」一詞有時用來指稱你這個無限存有真正所是的狀態，而非你編造出來，認為你所是的觀點。

清理句Clearing Statement (POD/POC)

我們在Access中使用的清理句是：Right and wrong, good and bad, POD and POC, all 9, shorts, boys, POVADs and beyonds。

Right and wrong, good and bad是簡化版，詳細的意思是：這當中有什麼是好的、完美的、正確的？有什麼是錯誤的、惡劣的、惡毒的、糟糕的、壞的和差勁的？有什麼是對的和錯的，好的和壞的？

POD是摧毀點，你所做的任何決定都緊接在它之後發生。就好像紙牌屋最下面的牌一樣，只要一被抽出，整個結構就會崩毀。

POC是思考、感受與情緒的創造點，你做出的任何決定都緊接在創造點之後發生。

All 9 代表我們在能量上清除的九層障礙。你知道有時這九層障礙底下會藏著一匹小馬。因為下面要是沒有藏著小馬,就不可能在同一個地方累積那麼多屎。不妙的是,創造出那麼多屎的就是你自己。

Shorts是下面這幾句話的簡短版:這當中有什麼是有意義的?有什麼是缺乏意義的?這當中有什麼懲罰?有什麼獎勵?

Boys代表有核心的球體。你看過小孩子吹泡泡的管子嗎?只要朝它一吹氣,就會創造大量的泡泡。你打破一個泡泡,其他泡泡卻充滿整個空間。

POVADs-所有你正在迴避和捍衛而使得現況存在的觀點。你正在捍衛和迴避哪些觀點,把那限制固定下來?

Beyonds是一種感受,會讓我們一時無法心跳、呼吸,或讓你不願去看其他可能性。當你的生意虧錢,你突然又多收到一張最後通牒催款單時,你會忍不住想哀嚎,就是那種感覺。那是你沒有預期會發生的事。有時我們不說整句清理句,而只說「POD and POC」來清理。

www.ingramcontent.com/pod-product-compliance
Lightning Source LLC
Chambersburg PA
CBHW010854090426
42736CB00019B/3453